Quellen zum germanischen Heidentum

Quellen zum germanischen Heidentum

Baron Árpád von Nahodyl Neményi

Altheidnische Schriften

Books on Demand GmbH, Norderstedt

Buchbeschreibende Angaben der Deutschen Nationalbibliothek
Die Deutsche Nationalbibliothek verzeichnet diese Veröffentlichung in der Deutschen
Nationalbibliographie; genauere buchbeschreibende Angaben sind im Weltnetz
über www.dnb.de abrufbar.

© 2017 Baron Árpád von Nahodyl Neményi

**Herstellung und Verlag: BoD – Books on Demand, Norderstedt
ISBN 978-3-7431-9357-4**

Inhalt

Vorwort	7
1. Die Götter	11
2. Heiligtümer	19
3. Tempel	27
4. Götterbilder	39
5. Priester	49
6. Opferfeste	57
7. Julfest und Eberopfer	63
8. Einzelne Jahresfeste	69
9. Kultumzüge und Feldzeichen	83
10. Götter als Vorfahren	87
11. Königsheil und -opfer	93
12. Helden- und Ahnenverehrung	101
13. Glaube der Vorfahren	107
14. Opferpflicht und -ablehnung	115
15. Der neue Glaube	123
16. Göttermacht und -herrlichkeit	129
17. Wodan (Odinn)	133
18. Donar (Thorr)	143
19. Fro (Freyr)	149
20. Weissagerinnen	153
21. Verwandlungszauber	161
22. Unsichtbarkeitszauber	169
23. Zauber für den Kampf	173
24. Wetterzauber	177
25. Schadenszauber	183
26. Verschiedene Zauber	189

Vorwort

Dieses Buch umfaßt die wichtigsten schriftlichen Quellen zum germanischen Heidentum. Die Wissenschaft nennt diese Quellen „Primärquellen", während etwa archäologische Fundstücke nur als „Sekundärquellen" gelten. Ein Fundstück kann zwar Aussagen über die Lebensweise der Menschen machen, ihrer Denkweise kommen wir damit aber in der Regel nicht viel näher. Demgegenüber stammen die schriftlichen Quellen oft direkt von Menschen der Zeit, die die Mentalität der Personen, von denen sie berichteten, kannten, wenn auch nicht immer teilten, denn viele Textquellen über das Heidentum stammen von Christen oder Missionaren, die der heidnischen Religion feindlich gegenüberstanden. Gottheiten wurden da schnell zu Teufeln und Dämonen, magische Handlungen wurden mit düsteren Elementen ausgeschmückt oder zumindest bedrohlich beschrieben.

Es liegt in der Natur einer reinen Quellensammlung, daß diese die Quellen nur unkommentiert auflisten kann; die Diskussion über den Wert oder die Glaubwürdigkeit einer Quelle kann hier nicht stattfinden; jedes Fortlassen einer unglaubwürdigen Quelle wäre eine einseitige Interpretation und würde dem Sinn einer nüchternen Aufstellung entgegenstehen. Ja, genaugenommen ist bereits die Übersetzung eine Interpretation; gerade die lateinische Sprache ist ja relativ mehrdeutig und die Festlegung auf eine ganz bestimmte Übersetzung ist zugleich auch eine Interpretation, die man nicht unbedingt teilen muß. Andererseits sind wenige Menschen noch in der Lage, Quellen in den Originalsprachen zu verstehen, so daß also hier auf Übersetzungen zurückgegriffen werden mußte. Berühmtestes Beispiel für so eine Übersetzungs-Interpretation bietet der Römer Tacitus in seiner „Germania". Er erwähnt da Orakelstäbchen, die durch „Zeichen" (notae) gekennzeichnet sind (Germania 10). Ohne Zweifel handelt es sich bei diesen Zeichen um Runen, aber den lateinischen Begriff „notae" mit „Runen" zu übersetzen, wäre eine doch umstrittene Interpretation. Was, wenn Tacitus ganz andere Zeichen gemeint hatte? Oder die Schilderung der Vorgänge im Semnonenhain, wie sie Tacitus (Germania 39) beschreibt. Da wird je nach Übersetzung aus dem „Niederstrecken eines Mannes" ein „Menschenopfer". Ich habe diese Stelle bereits in meinem Buch „Goden – Die heidnischen Priester der Germanen" (2016) behandelt und gehe von einem kultischen Niederfallen als Initiationsritus der Priester aus, aber der Text kann auch im Sinne von einem Menschenopfer verstanden und übersetzt werden.

Die hier vorliegende Quellensammlung erschien in der Zeitschrift „Germanen-Glaube" ab Nummer 1/1993 (Februar 1993) bis 2/2000 (Ostern 2000) als Serie und es war in der Planung, die einzelnen Folgen auch in einem Buch zusammenzufassen, was hiermit nun – mit Ergänzungen – geschehen ist.

Der Blick geht – bedingt durch die Überlieferungsumstände – auch häufig nach Norden, nach Skandinavien. Dort sind durch die Sagas einfach viel mehr Einzelheiten erhalten, als bei uns, wo das Christentum schon viel früher Fuß gefaßt und entsprechende Bräuche ausgerottet hatte. Wir wissen, daß die Vorstellung, jeder einzelne germanische Stamm habe seine eigene heidnische Religion gehabt, so nicht haltbar ist. Sicher wurden bestimmte Gottheiten in bestimmten Regionen besonders verehrt, aber insgesamt herrschte doch überall ein relativ gleiches Heidentum vor. Auch im Katholizismus gibt es bestimmte Heiligenkulte, die nicht überall gleich ausgeübt werden, ohne daß wir deswegen von verschiedenen katholischen Religionen sprechen würden.

Die Zitate habe ich aus den entsprechenden deutschen Übersetzungen der Werke entnommen, insbesondere der 24 Bände der „Sammlung Thule", herausgegeben von F. Niedner und G. Neckel, (Diederichs-Verlag, 1923ff, Neuauflage 1963-1967), die die Sagas enthalten, dann natürlich den Ergänzungen dieser Sammlung des Literaturverlages Mark Reinhardt, (Leverkusen bzw. Essen, ab 1987). Die antiken Autoren finden sich in der Reihe „Historiker des Deutschen Altertums" (Phaidon-Verlag, Stuttgart ab 1986), welche die ältere Sammlung der „Geschichtsschreiber der deutschen Vorzeit" ersetzt.
Auch ich habe nicht sämtliche Werke vorliegen, und habe daher auch schon vorhandene Quellensammlungen benutzt, so das bekannte Werk von Walter Baetke, Die Religion der Germanen in Quellenzeugnissen (Frankfurt 1944), der einzelne Zitate der Quellen noch korrigiert hatte, oder das wissenschaftliche Werk von Franz Rolf Schröder, Quellenbuch zur germanischen Religionsgeschichte (Walter de Gruyter, Berlin, Leipzig 1933).

Meine Quellensammlung soll vor allem aber auch dem wissenschaftlich nicht so vorgebildeten Leser einen Einstieg in diese Welt unserer Vorfahren ermöglichen, daher habe ich auf eine detaillierte Auflistung der Werke und Ausgaben, denen die jeweilige Quelle entnommen ist, im Anhang verzichtet und setze unter jedes Zitat den Namen der Quelle und ihre Datierung. Ein umständliches Blättern und Suchen kann damit vermieden werden.
Auch liste ich viele Quellen auf, die rein magische Handlungen beschreiben. Auch wenn wir mit Recht bezweifeln können, daß alles auch tatsächlich so geschehen ist, so geben diese Stellen uns doch wertvolle Aufschlüsse über die Denkweise der damaligen Menschen: Man fürchtete sich vor Schadenszauber und räumte den spirituellen Mächten im eigenen Denken viel Raum ein.

Um eine Textstelle, die ja aus ihrem ursprünglichen Zusammenhang gerissen wurde, dennoch verstehen zu können, ist es zuweilen nötig, kurze Erklärungen in den Text einzufügen. Ich setze derartige Kommentare, Erklärungen oder die Originalsprache bei wichtigen Zitaten in eckige Klammern. Kürzungen einer Textquelle sind durch drei Punkte an der entsprechenden Stelle gekennzeichnet. Und ich benutze auch die speziell nordischen Sonderzeichen wie etwa Þ (th) oder ð (dh).

Weitergehende Eingriffe erlaube ich mir hier nicht und hoffe, daß durch Kenntnis dieser Quellen auch die Kenntnis des Altheidentums, des germanischen Heidentums unserer Vorfahren, verbessert werde.

Hinweisen möchte ich auch darauf, daß in meinen anderen Büchern gleichfalls viele Primärquellen zitiert sind und auch besprochen werden. Für Interessierte ist also ein Angebot für weitergehende Deutungen vorhanden.

Wenn ich Stellen auch über Celten anführe, dann nur in dem Bewußtsein, daß sich die Religionen der Germanen und Celten nur gering, vor allem in den Namen der Götter und der Sprache, unterscheiden, und es zuweilen durchaus interessant ist, auch einmal über den Tellerrand zu blicken. Aber derartige Stellen habe ich nur wenige, denn es geht hier zuerst um das germanische Altheidentum. Einige Zitate gibt es auch von den wendischen Überlieferungen, denn diese halte ich für die Nachkommen der Wandalen, wie ich in meinem Buch „Der Slawen-Mythos" (2015) schon ausführlich dargelegt habe.

Kapitel 1

Die Götter

»Die Germanen haben ganz andere Bräuche [als die Gallier]. Denn sie haben weder Druiden, die den kultischen Dingen vorstehen, noch legen sie großen Wert auf Opfer. Unter die Götter zählen sie nur die, die sie wahrnehmen und deren Wirken ihnen augenscheinlich zu Hilfe kommt: Sol [Wodan], Vulcanus [Donar] und Luna [Fria?]; den Glauben an die übrigen kennen sie nicht einmal vom Hörensagen.«
Cæsar (gest. 44 v. Ztw.), De bello gallico, Buch VI, 21.

»Unter den Göttern verehren sie [die Gallier] Mercur am meisten. Von ihm besitzen sie besonders viele Götterbilder, ihn halten sie für den Erfinder aller Künste, für den Führer auf allen Straßen und Wegen, und von ihm glauben sie, er habe den größten Einfluß auf den Erwerb von Geld und auf den Handel. Auf Mercur folgen Apollo [Belenus], Mars [Hesus], Iupiter [Taranis] und Minerva [Belisana]. Der Glaube an diese Götter hat etwa denselben Inhalt wie bei den übrigen Völkern: Apollo vertreibt Krankheiten, Minerva lehrt die Anfangsgründe des Handwerks und der Künste, Iupiter hat die Herrschaft über die Himmelsbewohner und Mars lenkt die Kriege.«
Cæsar (gest. 44 v. Ztw.), De bello gallico, Buch VI, 17.

»Von den Göttern verehren sie [die Germanen] am meisten den Mercur [Wodan]; sie halten es für geboten, ihm an bestimmten Tagen auch Menschenopfer darzubringen. Hercules [Donar] und

Mars [Tius] stimmen sie durch bestimmte Tiere gnädig. Ein Teil der Sueben opfert auch der Isis [Frova]. Worin der fremde Kult seinen Grund und Ursprung hat, ist mir nicht recht bekannt geworden; immerhin beweist das Zeichen der Göttin – es sieht wie ein Kahn aus –, daß der Kult auf dem Seewege gekommen ist.«
Tacitus (nach 98), Germania, Kap. 9.

»Alle Gallier rühmen sich, von Vater Dis [Wodan?] abzustammen, und sagen, das werde von den Druiden überliefert.«
Cæsar (gest. 44 v. Ztw.), De bello gallico Buch VI,18.

»Insgesamt aber verehren sie Nerthus [Njörunn], das heißt die Mutter Erde, und glauben, die Göttin nehme teil am Treiben der Menschen, sie fahre bei den Stämmen umher.«
Tacitus (nach 98), Germania Kap. 40.

»Bei den Naharnavalern zeigt man einen Hain, eine uralte Kultstätte. Vorsteher ist ein Priester in Frauentracht; die Gottheiten, so wird berichtet, könnte man nach römischer Auffassung Castor und Pollux [Víðarr und Váli] nennen. Ihnen entsprechen sie in ihrem Wesen; sie heißen Alcen [„Schützer", „Hirsche"]. Es gibt keine Bildnisse; keine Spur weist auf einen fremden Ursprung des Kultes; gleichwohl verehrt man sie als Brüder, als Jünglinge.«
Tacitus (nach 98), Germania Kap. 43.

»Insgesamt gründet sich der Kultbrauch auf den Glauben, daß von dort der Stamm sich herleite, dort der allbeherrschende Gott [Wodan] wohne, dem alles andere unterworfen, gehorsam sei.«
Tacitus (nach 98), Germania Kap. 39.

»In Brauchtum und äußerer Erscheinung stehen sie [die Stämme der Ästier] den Sueben nahe, in der Sprache eher den Britanniern.

Sie verehren die Mutter der Götter [Fria?]. Als Wahrzeichen ihres Kultes tragen sie Bilder von Ebern: die dienen als Waffe und Schutzwehr gegen jede Gefahr und gewähren dem Verehrer der Göttin selbst unter Feinden Sicherheit.«
Tacitus (nach 98), Germania Kap. 45.

Abb. 1: Der Sonnenwagen von Trundholm, Dänemark, Bronzezeit.

»Nördlich der Suionen liegt abermals ein Meer, träge und nahezu unbewegt. Daß es den Erdkreis ringsum begrenze und einschließe, ist deshalb glaubwürdig, weil der letzte Schein der schon sinkenden Sonne bis zum Wiederaufgang anhält, und zwar so hell, daß er die Sterne überstrahlt. Die Einbildung fügt noch hinzu, man vernehme das Tönen der emportauchenden Sonne und erblicke die Umrisse der Pferde und das strahlenumkränzte Haupt [der Sonnengöttin]. Dort liegt – und die Kunde ist wahr – das Ende der Welt.«
Tacitus (nach 98), Germania Kap. 45.

»So schicken denn die Tenkterer, ein durch den Rhein davon [Köln] getrennter Stamm, Gesandte und heißen sie ihre Aufträge in der Versammlung der Agrippinenser eröffnen. Diese brachte der unbändigste von den Gesandten folgendermaßen vor: „Daß ihr zurückgekehrt seid zu dem großen Ganzen und Namen Germaniens, dafür danken wir den gemeinsamen Göttern und dem Obersten der Götter, Mars [Wodan]".«
Tacitus (nach 96), Annalen, Buch IV, 64.

»Den ersten Kriegsgefangenen opfern sie [die Goten] für Ares [Wodan], den sie für den größten Gott halten.«
Procop (gest. um 560), De bello Gothico, Buch II, 15; 24.

»Über Opfer an Mercurius [Wodan] und Jupiter [Donar].«
Indiculus superstitionum (von 743), 8.

»Ich widersage allen Teufeln, Werken und Worten, Þunaer [Donar] und Woden und Saxnote [Tius] und allen den Unholden, die ihre Genossen sind.«
Sächsisches Taufgelöbnis (ca. 772-777).

»Wodan aber, den sie mit Beifügung eines Buchstabens Guodan [in der Handschrift auch: Gotan] nannten, ist der nämliche Gott, der bei den Römern Mercurius heißt und von allen Völkerschaften Germaniens als Gott verehrt wird.«
Paulus Diaconus (720-799), Historia Langobardorum Buch I, 9.

»Wenn Seuchen und Hungersnot drohen, wird [in Upsala] dem Götzen Thor geopfert, wenn Krieg, dem Wodan, wenn Hochzeiten zu feiern sind, Fricco [Freyr].«
Adamus Bremensis (gest. 1085), Gesta Hammaburgensis ecclesiae pontificum, Buch IV, 27.

»[Hengist zu Vortigern:] Unter Führung des Mercurius überschritten wir die Meere und suchten dein Reich auf ... Den Mercurius verehren wir besonders, den wir in unserer Sprache Wodan nennen. Ihm weihten unsere Vorfahren den vierten Wochentag, der bis heute noch seinen Namen, „Wodenes dai", erhalten hat.«
Geoffrey of Monmouth (vor 1136), Historia regum Britanniae.

»Zu dieser Zeit kamen aus Saxland zwei Brüder namens Heingest und Horsus mit einem dritten namens Þiðrik. Sie suchten den König auf und boten ihm an, mit dreihundert Mann das Land zu verteidigen. Sie behaupteten, Merkur habe sie hierher gewiesen. Der König fragte, was Merkur sei. Heingest antwortet: „Manche nennen ihn Óðin, und unsere Vorfahren haben an ihn ebenso geglaubt wie an Þór und Týr, Frigg und Freyja. Wir glauben, daß sie die Welt und die Geschicke der Menschen lenken. Man beschloß, mein König, ihnen Wochentage zu widmen, damit sie sich umso mehr verpflichtet fühlen sollten, gleichermaßen für die Menschen und den Jahresablauf Sorge zu tragen. Deshalb verlieh man auch die Namen Óðinstag, Týrstag und Freyjutag."«
Breta Sögur, altnord. Übersetzung von Geoffrey von Monmouths Historia regum Britanniae (Anf. 13. Jh.).

»Da fragte Gangleri: „Welches sind die Ásen, denen die Menschen es schuldig sind, an sie zu glauben? " - Hárr [„Hoch", Óðinn] antwortete: „Es gibt zwölf göttliche Ásen. " - Jafnhárr [„Ebenhoch", gleichfalls Óðinn] sagte: „Die Ásinnen sind nicht minder heilig und ihre Macht nicht geringer." Da sprach Þriði [„Dritt", wiederum Óðinn]: „Óðinn ist der vornehmste und älteste der Ásen. Er waltet aller Dinge, und obwohl auch andere Götter Macht haben, so dienen ihm doch alle wie Kinder ihrem Vater. Seine Frau ist Frigg; sie weiß aller Menschen Geschick, obgleich sie es keinem vorhersagt".«
Jüngere Edda (vor 1220), Gylfaginning 20.

Abb. 2: Óðinn, Þórr und Freyr. Wandteppich der Skog-Kirche, Hälsingland.

»Der Bischof sagte: „An wen glaubst du?" Finn antwortete: „An Þórr und Óðinn, wie die andern Nordmänner".«
Ólafs saga Tryggvasonar (14. Jh.), Kap. 277.

»Dort [in Schweden] waren in jener Zeit große Opfer, und Freyr war am meisten verehrt worden.«
Ólafs saga Tryggvasonar (14. Jh.), Kap. 313.

»König Ólaf machte das ganze Reich christlich; alle Opfer rottete er aus und alle Götter, wie Þórr, den Gott der Engländer, und Óðinn, der Sachsen Gott, und Skjöld, den Gott der Schonen, und Freyr, den Schwedengott, und Godorm, den Gott der Dänen.«
Þáttr Styrbjarnar Sviakappa (14-15.Jh.), 239.

»Und als er [Hallfred] eines Sommers von Island nach Norwegen kam, da lag er mit seinen Gefährten bei Agdanes vor Anker, und dort trafen sie Leute, mit denen sie sich unterhalten konnten, und fragten nach Neuigkeiten. Es wurde ihnen erzählt, daß ein Herrscherwechsel in Norvegen eingetreten sei. Hákon, der Jarl, sei tot, und Ólaf, der Sohn Tryggvis, war an seine Stelle gekommen und mit ihm neue Glaubenssitten und Anordnungen. Da einigten sich die Schiffer darauf, ein Gelübde abzulegen: sie wollten Freyr ein großes Opfer bringen, wenn sie Fahrwind nach Schweden bekämen, aber Þórr und Óðinn, wenn sie nach Island fahren könnten. Doch wenn sie keinen günstigen Fahrwind bekämen, dann sollte der König über sie bestimmen.«
Hallfredar saga (9.-12.Jh.) Kap. 5.

»Ein Mann heißt Ægir oder Hlér; er bewohnte das Eiland, das nun Hlésey heißt, und war sehr zauberkundig. Er unternahm eine Reise nach Ásgarð; und als die Ásen von seiner Fahrt erfuhren, wurde er wohl empfangen, jedoch mit allerlei Sinnverblendungen. Und am

Abend, als das Trinken beginnen sollte, ließ Óðinn Schwerter in die Halle tragen, die waren so glänzend, daß ein Schein davon ausging und es keiner andern Beleuchtung bedurfte, während man aß und trank. Da kamen die Ásen zu ihrem Gelage und zwölf der Ásen, die da zu Richtern bestellt waren, setzten sich auf ihre Hochsitze. Dies sind ihre Namen: Þórr, Njörður, Freyr, Týr, Heimdallur, Bragi, Víðar, Váli, Ullur, Hænir, Forseti, Loki. Desgleichen heißen die Ásinnen: Frigg, Freyja, Gefjun, Iðunn, Gerður, Sigyn, Fulla, Nanna. Ægir dauchte alles herrlich was er sah. Alle Wände waren mit schönen Schilden bedeckt, da war auch kräftiger Met und des Trankes genug.«
Jüngere Edda (vor 1220), Bragarœður Kap. 1.

»Zu diesem Gastmahl [des Ægir] kam Óðinn und Frigg, sein Weib. Þórr kam nicht, denn er war auf der Ostfahrt. Sif war zugegen, Þórs Weib, desgleichen Bragi und Iðunn sein Gemahl. Auch Týr war da, der nur eine Hand hatte, denn der Fenriswolf hatte ihm die andre abgebissen, als er gebunden wurde. Da war auch Njörðr und Skaði, sein Weib, Freyr und Freyja, und Víðar, Óðins Sohn. Auch Loki war da und Freyrs Diener Byggvir und Beyla. Da waren noch viele Ásen und Álfen.«
Sæmundar Edda (um 1087), Lokasenna Pr. 1.

»Hier wird erzählt, wie die Ásen heißen: Da sind Yggr und Þórr und Ingvifreyr, Víðarr und Baldr, Váli und Heimdallr, da sind Týr und Njörðr, und nächst Bragi, Höðr, Forseti, und zuletzt Loki.
Nun sollen die Ásinnen alle genannt werden: Frigg und Freyja, Fulla und Snotra, Gerðr und Gefjun, Gná, Lofn, Skaði, Jörð und Iðunn, Ilmr, Bil, Njörun. Hlin und Nanna, Hnoss, Rindr und Sjöfn, Sól und Sága, Sigyn und Vör, da sind Vár und Syn würdig, zu nennen, und Þrúðr und Rán seien als nächstes genannt.«
Jüngere Edda (vor 1220), Nefnaþulur.

Kapitel 2

Heiligtümer

»Hainen und Wäldern legen sie Heiligkeit bei und rufen mit den Namen von Göttern jenes Geheimnisvolle an, das sie nur in Ehrfurcht schauen.«
Tacitus (nach 98), Germania, Kap. 9.

»Zu einer bestimmten Zeit kommen Abgesandte aller Völkerschaften desselben Blutes in einem Walde zusammen, der durch Ehrfurcht von altersher heilig ist und dadurch, daß dort schon von den Vätern weissagende Gebräuche und gottesdienstliche Handlungen vorgenommen wurden. Dort bringen sie, indem in aller Gegenwart ein Mann niederfällt, den schaurigen ersten Ursprung der rauhen und fremdartigen Weihehandlung zur feierlichen Darstellung. Dem Hain wird auch sonst Verehrung bezeigt: Niemand betritt ihn, es sei denn mit einer Fessel versehen, um seine Unterwürfigkeit und die Macht der Gottheit zu bekunden. Fällt jemand nieder, so darf er sich nicht aufheben lassen oder selbst aufstehen; auf dem Erdboden wälzt er sich hinaus. Insgesamt gründet sich der Kultbrauch auf den Glauben, daß von dort der Stamm sich herleite, dort der göttliche Allvater [Wodan] wohne, dem alles andere unterworfen, gehorsam sei.«
Tacitus (nach 98), Germania, Kap. 39.

»Dag fand den Helgi, seinen Schwager, im Fjoturlundr [Fesselhain]. Er durchbohrte Helgi mit dem Speer.«
Sæmundar-Edda (um 1087), Helgaqviða Hundingsbana II, Pr. IV.

Abb. 3: Rekonstruktion des Heiligtums von Oberdorla, Thüringen.

»Auf einer Insel des Ozeans liegt ein heiliger Hain, und dort steht ein geweihter Wagen, mit Tüchern bedeckt; einzig der Priester darf ihn berühren.«
Tacitus (nach 98), Germania, Kap. 40.

»Als aber Cæsar die Weser überschritten hatte, erfuhr er durch einen Überläufer, daß von Arminius eine Stätte zur Schlacht ausgewählt sei. Auch andere Stämme seien in einem dem Herkules [Donar] heiligen Hain zusammengekommen.«
Tacitus (nach 96), Annalen, Buch II, 12.

»In demselben Sommer [58 u. Zt.] fand eine große Schlacht zwischen Hermunduren und Chatten statt. Beide Parteien suchten nämlich den ihnen gemeinsamen Grenzfluß, der, weil salzerzeugend, einträglich war, mit Gewalt an sich zu bringen. Abgesehen von ihrer Neigung, alles durch Waffengewalt zu regeln, wirkte da-

bei der fromme Glaube mit, daß jene Gegenden dem Himmel besonders nahe wären und die Gebete der Menschen nirgends aus größerer Nähe von den Göttern gehört würden. Daher entstünde durch die Huld der Götter in jenem Fluß und jenen Wäldern das Salz.«
Tacitus (nach 96), Annalen, Buch XIII, 57.

»Civilis aber lud die Edelen des Stammes [der Bataver] und die entschlossenen Männer aus dem Volke unter dem Vorwand eines Gastmahles in den heiligen Hain ein. Als er sah, daß sie sich durch die nächtliche Festlichkeit in gehobener Stimmung befanden, begann er vom Ansehen und Ruhm ihres Stammes zu sprechen.«
Tacitus (nach 96), Historien, Buch IV, 14.

»Bald darauf erfuhr man von Überläufern, daß 900 Römer bei dem sogenannten Hain der Baduhenna [Frowa] im Kampf, der sich bis zum folgenden Tage hingezogen hatte, niedergehauen seien.«
Tacitus (nach 96), Annalen, Buch IV, 73.

»Germanicus ließ eine Strecke von fünfzig Meilen mit Feuer und Schwert verwüsten. Kein Altar, kein Geschlecht fand Erbarmen. Profane und heilige Stätten, darunter auch der bei jenen Stämmen [der Marsen] hochberühmte Tempel, den sie nämlich „Hain" [tamfana, tam = so, fanum = Hain] nannten, wurden dem Erdboden gleichgemacht.«
Tacitus (nach 96), Annalen, Buch I, 51.

»TAMFANAE SACRVM [„Dem großen Hain heilig"]«
Im Neapolitanischen gefundene, eventuell von Ligorius gemachte Steininschrift.

»Dort [in Köln] war ein gewisses, mit verschiedenem Ornament ausgestattetes Heiligtum, in dem die Barbaren bei der Darbringung

der Opfer sich bis zum Erbrechen mit Speise und Trank anfüllten. Dort beten sie auch Bilder an wie Gott und schnitzten Glieder in Holz, je nachdem, welches Leiden den einzelnen befallen hatte.«
Gregor von Tours (ca. 540-593), Vitae Patrum, Buch VI, 2.

»Zu derselben Zeit kam ein ... Mönch namens Meroveus im Auftrag des Abtes Atala nach der Stadt Dertona, und als er sich dort wegen seines Geschäftes weiter von der Stadt entfernte, gelangte er zu einem Dorfe am Flusse Hira und erblickte weiterschreitend ein Heiligtum mit dazwischen gepflanzten Bäumen.«
Jonas von Bobbio (nach 642), Vita Columbani, Buch II, 25.

»Karl eroberte die Eresburg [Burg des Gottes Eres, Ares = Tius], gelangte zur Irminsul und zerstörte das Heiligtum selbst, und was er an Gold und Silber dort fand, schleppte er weg.«
Annales regni francorum (8. Jh.), zum Jahr 772.

»Außerdem arbeitete er [Eligius] viel in Flandern, kämpfte mit angespanntem Eifer in Antwerpen, bekehrte viele irrgläubige Sueben und zerstörte, geschützt durch den Schild Christi, mit apostolischer Autorität einige Heiligtümer. Auch rottete er Götzendienst verschiedener Art, wo er ihn traf, von Grund auf aus.«
Vita Eligii (Mitte des 8. Jhs.), Buch II, Kap. 8.

»Und während der fromme Prediger des Wortes Gottes [Willibrord] auf dieser Reise sich befand, kam er an der Grenze zwischen den Dänen und Fresonen [Friesen] zu einer Insel, welche nach einem ihrer Götter, Fosite [Forseti], von den Bewohnern Fositesland [Helgoland] genannt wurde, weil auf ihr Heiligtümer dieses Gottes errichtet waren. Dieser Gott wurde von den Heiden in solcher Verehrung gehalten, daß keiner von ihnen etwas von dem Vieh, das dort weidete, oder von anderen Dingen zu berühren wagte, noch

Abb. 4: Rekonstruktion einer Irminsul im Ort Irmenseul, Harbarnsen.

aus der Quelle, welche dort sprudelte, das Wasser anders als schweigend zu schöpfen sich erlaubte ... Er [Willibrord] verachtete aber die törichte Scheu der Heiligkeit jenes Ortes und den wilden Sinn des Königs, welcher jeden Verletzer der Heiligtümer jenes Ortes dem grausamen Tode zu weihen pflegte, und taufte also drei Menschen in jener Quelle unter Anrufung der heiligen Dreifaltigkeit; auch ließ er von dem Vieh, das dort weidete, zu seinem Bedarf schlachten. Als die Heiden das sahen, glaubten sie, daß jene entweder in Wahnsinn verfallen oder eines plötzlichen Todes sterben würden ... Der heilige Mann aber [Willibrord] wurde zu dem König berufen und von ihm heftig angefahren, daß er seine Heiligtümer entweiht und seinen Gott beleidigt habe.«
Alcuin (um 790), Vita Willibrordi, Kap. 11.

»Liutger gelangte an der Grenze zwischen Friesen und Dänen nach

einer Insel, die nach dem Namen ihren falschen Gottes Fosete [Forseti] Fosetesland [Helgoland] genannt wird ... Als sie zu dieser Insel kamen, zerstörte er alle Heiligtümer dieses Fosete, die dort erbaut waren, und errichtete statt ihrer eine Kirche Christi.«
Altfridus (um 820), Vita Liutgeri, I, Kap. 19.

»[Der Erzbischof] Unwan befahl, alle heidnischen Gebräuche, deren Aberglauben in dieser Gegend [im Hamburger Sprengel] noch blühte, bis auf den Grund zu beseitigen, und ließ so aus den Hainen, die unsere Marschbauern in törichter Verehrung besuchten, durch seinen Sprengel hin Kirchen wiederherstellen.«
Adamus Bremensis (gest. 1085), Gesta Hammaburgensis eccl. pont., II, 48.

»Þórólf nannte den Platz zwischen Vigrafjord und Hofsbucht Þórsnes. Auf dieser Landspitze stand ein steiniger Hügel. Diesem zollte Þórólf so große Verehrung, daß keiner auf ihn, ohne sich zuvor gewaschen zu haben, schauen durfte. Niemanden, weder Mensch noch Tier, durfte man dort auf dem Hügel töten, außer dem Vieh, das von selbst wegging. Diesen Hügel nannte Þorolf Helgafell [Heiligenberg], und er glaubte, daß er in diesen eingehen werde, wenn er stürbe, und so auch alle seine Verwandten auf der Landspitze. Dort aber, wo das Þórsbildnis ans Land gekommen war, auf dem schmalen Ausläufer der Landspitze, ließ er alle Gerichtsversammlungen abhalten und legte dorthin ein Bezirksþing. So heilig aber war ihm die ganze Stätte, daß er das Feld daselbst auf keine Weise besudeln lassen wollte, weder durch Blutvergieße noch dadurch, daß jemand dort seine Notdurft verrichtete.«
Eyrbyggja saga (10.-12. Jh.), Kap. 4.

»Am nächsten Morgen ritt Styr nach Helgafell ... Snorri fragte, ob er einen schwierigen Fall mit ihm zu erörtern habe. „Ich glaube wohl", versetzte Styr. Snorri erwiederte: „Dann steigen wir auf den

Helgafell. Die Beschlüsse, die man dort faßte, sind wohl nie zunichte geworden".«
Eyrbyggja saga (10.-12. Jh.), Kap. 28.

»Þórhadd der Alte war Tempelgode in Inner-Drontheim in Mærin. Er bekam Lust, nach Island zu fahren. Vorher aber brach er den Tempel ab und nahm die Tempelerde und die Säulen mit. Er kam in den Stödvarfjord und legte dem ganzen Fjord die Heiligkeit von Mærin bei und ließ dort nichts töten außer dem Hausvieh.«
Landnámabók (Mitte 13. Jh.), Kap. 254.

»Die Ásen halten ihre Heiligtümer und Freistätten so sehr in Ehren, daß sie sie mit dem Blute des Wolfes nicht beflecken wollten, obgleich Weissagungen verkündeten, daß er Óðins Töter werden solle.«
Jüngere Edda (vor 1220), Gylfaginning Kap. 34.

»Dort [im Hain des Prove = Týr bei Oldenburg] sahen wir unter sehr alten Bäumen heilige Eichen, welche dem Prove, dem Gotte jenes Landes, geweiht waren; diese umgab ein freier Hofraum und ein sehr sorgfältig aus Holz gebauter Zaun, in dem sich zwei Pforten befanden. Denn außer den Hausgöttern und den Götzen, die jedes einzelne Dorf im Überfluß hatte, war dieser Ort das Heiligtum des gesamten Landes, und für denselben ein besonderer Oberpriester, sowie besondere Feste und verschiedene Arten von Opferhandlungen bestimmt. Dort pflegte jeden Dienstag [Dings-Tag, Tag des Týr] das Volk mit dem Priester und dem Fürsten zum Gerichte zusammenzukommen. Der Eintritt in den Hofraum war allen verwehrt, außer dem Priester und denen, die opfern wollten, oder die von Todesgefahr bedrängt wurden; denn diesen wurde Schutz und Zuflucht hier niemals verweigert.«
Helmold von Bosau, Wendische Chronik (Hss 14. Jh.), Buch I, Kap. 84.

»Früh aber, wenn du angekleidet bist, gehe hinaus zu der waldigen Höhe, die bei der Þingstätte liegt, da wo die Straßen zusammenlaufen.«
Hallfreðar saga (um 1220), Kap. 10.

»Es ereignete sich in einem Sommer [wohl Mittsommer] auf dem Alþing, daß auf dem Ringplatzhügel die Männer scharenweise sich angriffen, die Nordländer und die Leute von den Westfjorden.«
Víga Glúms saga (10. - 12. Jh.), Kap. 13.

»Auf dem Alþing war Bjarni Brodd-Helgisson mit einer großen Schar; ... Þórkel hatte seine Bude oben am Ringplatzhügel.«
Ljosvetninga saga með þattum (14. Jh.), Kap. 11.

»Da er [Herzog Bretislaus] schon seit seiner Jugendzeit ein unerschütterliches Gottvertrauen besaß, so verjagte er jetzt, kaum an der Herrschaft, aber eifrig auf das Wohlergehen der christlichen Religion bedacht, alle Magier, Zeichendeuter und Wahrsager aus dem Land und ließ alle Haine und Bäume, die das einfache Volk immer noch verehrte fällen und verbrennen. Ebenso verfuhr er mit den heidnischen Brauchtümern, die die noch halb-heidnischen Bauern am Pfingstdienstag bzw. -mittwoch pflegten, indem sie an den Quellen den Dämonen [Götter] Opfergaben darbrachten. Gleiches galt auch für die Bestattungsriten – man bestattete seine Toten in Wäldern und auf Feldern –, die Umzüge, die man nach heidnischem Brauch auf den Kreuzwegen für das Seelenheil veranstaltete, die profanen Grimassen, die man vor den Leichen schnitt, indem man wesenlose Schatten anrief und mit Masken vor dem Gesicht umherschwärmte. All diese Abartigkeiten und anderen Blasphemien beseitigte der gute Herzog bei diesem Volk Gottes.«
Cosmas von Prag, Chronica Boemorum (1125), Buch III, 1.

Kapitel 3

Tempel

»Einmal ging er [Bischof Landibert] nach Toxandrien [zwischen Schelde und Maas]; dort zerstörte er sehr viele Tempel und Götzenbilder.«
Vita Landiberti (Mitte des 8. Jhs.), Kap. 10.

»Willibrord, der seine Predigertätigkeit 50 Jahre lang ausübte, bekehrte die Friesen größtenteils zum christlichen Glauben, zerstörte Tempel und Heiligtümer.«
Bonifatius Epistolae an Papst Stephan II. (von 753).

»Damals wurde dem heiligen Sturmi die Sorge für einen größeren Teil jenes Volkes und Landes [der Sachsen] übergeben ... Er benutzte die günstige Zeit, belehrte sie durch heilige Predigten, daß sie die Götterbilder verlassen, den Glauben an Christus annehmen, die Tempel ihrer Götter zerstören, die Haine niederhauen und heilige Kirchen erbauen sollten.«
Eigil, Vita Sturmi (um 800), Kap. 22.

»So kam es, daß einige seiner [Willehads] Schüler, von göttlichem Eifer ergriffen, die zerstreuten heidnischen Tempel in der Umgebung zu zerstören ... begannen.«
Anscar, Vita Willehadi (um 860).

»Hierauf sandte Albrich Liutger mit anderen Gottesknechten aus, die Tempel und verschiedene Opferstätten der heidnischen Götzen

im Lande der Friesen zu zerstören. Sie vollführten den Befehl und trugen einen großen Schatz herbei, den sie in den Heiligtümern gefunden hatten.«
Atfridus, Vita Liutgeri (um 820), I, Kap. 14.

»Im Redariergau [um Strelitz und Stargard] liegt die dreieckige und dreitorige Burg Riedegost [Radegast, Beiname Wodans], rings umgeben von einem großen, für die Einwohner unverletzlich heiligen Walde. Zwei ihrer Tore sind dem Zutritt aller geöffnet. Das dritte und kleinste Osttor mündet in einen Pfad, der zu einem nahegelegenen, sehr düsteren See führt. In der Burg befindet sich nur ein kunstfertig errichtetes hölzernes Heiligtum, das auf einem Fundament aus Hörnern verschiedenartiger Tiere steht. Außen schmücken seine Wände, soviel man sehen kann, verschiedene, prächtig geschnitzte Bilder von Göttern und Göttinnen. Innen aber stehen von Menschenhänden gemachte Götter, jeder mit eingeschnitztem Namen; furchterregend sind sie mit Helmen und Panzern bekleidet; der höchste heißt Zuarasici [Hephaistos] und alle Heiden achten und verehren ihn besonders. Auch dürfen ihre Feldzeichen nur im Falle eines Krieges, und zwar durch Krieger zu Fuß, von dort weggenommen werden. Für die sorgfältige Wartung dieses Heiligtums haben die Eingeborenen besondere Priester eingesetzt die sitzen bleiben dürfen, während alle stehen, wenn die Menschen hier zusammenkommen, um Sühneopfer darzubringen ... Jeder Gau dieses Landes hat seinen Tempel und sein besonderes, von den Ungläubigen verehrtes Götzenbild; doch genießt jene Burg einen besonderen Vorrang. Von ihr nehmen sie Abschied, wenn sie in den Krieg ziehen; sie wird geehrt mit gebührenden Geschenken bei der glücklichen Heimkehr; und sorgfältig erforscht man, wie ich berichtet habe, durch die Lose und das Roß, was die Priester den Göttern als genehmes Opfer darbringen müssen.«
Thietmari Merseburgensis Episcopi (nach 1009), Chronicon Buch VI, 25.

Abb. 5: Rekonstruktion des Radegast-Tempels in Groß-Raden, Mecklenburg.

»Unter ihnen allen sind die in der Mitte liegenden Retharier die Mächtigsten. Ihre Stadt ist das aller Welt bekannte Rethre, der Sitz des Götzendienstes, wo den Dämonen, deren vornehmster Redigast [Radegast, Beiname Wodans] ist, ein großer Tempel erbaut ist. Sein Bild ist von Gold, sein Lager von Purpur. Die Stadt selbst hat neun Tore, ist ringsum von einem tiefen See umgeben, über den eine hölzerne Brücke führt, die jedoch nur den Opfernden oder Orakelsprüche Einholenden zu betreten gestattet ist.«
Adamus Bremensis (gest. 1085), Gesta Hammaburgensis ecclesiae pontificum Buch II, 18.

»Birka ist eine Stadt der Goten mitten in Schweden gelegen, nicht weit von dem Tempel, den die Schweden als den berühmtesten für den Kult ihrer Götter haben, namens Upsala ... Eine goldene Kette umgibt den Tempel oberhalb des Giebels und den Ankommenden weithin entgegenleuchtend, weil das Heiligtum selbst in einer Ebe-

ne gelegen ist, rings von Bergen umgeben wie bei einem Theater.«
Adamus Bremensis (gest. 1085), Gesta Hammaburgensis ecclesiae pontificum Buch I, 62, Scholiast 139 (135).

»Darauf segelte er [Ólaf Tryggvason] in den Drontheimer Fjord nach Lade und ließ dort den Tempel abbrechen und alles Tempelgut und allen Tempelschmuck aus dem Tempel und von dem Götterbild nehmen. Er nahm einen großen Goldring aus der Tempeltür, den Jarl Hákon hatte anfertigen lassen. Dann ließ König Ólaf den Tempel verbrennen.«
Heimskringla (nach 1230), Buch I, Kap. 370.

»Der kluge Jarl [Hákon] ließ bald alle die [von seinen Vorgängern] verheerten Tempelländereien [hofslönd] Þórs und der Götter [bönd] für die Männer wieder zu wahren Heiligtümern machen.«
Einar Helgason skálaglamm (um 980), Vellekla, Str.15.

»Ihr erstes Geschäft war, einen Tempel [hof] zu bauen, worin ihre Stühle standen, zwölf an der Zahl und überdies ein Hochsitz für Alföður. Es ist das beste und größte Gebäude der Welt, außen sowohl als innen von lauterm Gold. Diese Stätte nennt man Glaðsheim. Sie bauten noch einen andern Saal, das war der Hörgur [überdachter Altar] der Göttinnen. Dieses Haus war auch sehr schön und die Menschen nennen es Vingólf.«
Jüngere-Edda (vor 1220), Gylfaginning Kap. 14.

»Darauf zogen sie durch Götland und kamen eines Abends an eine Stätte, die hieß Stora-Hof [Tempel]. Die Tür war fest verschlossen und sie konnten nicht hinein. Das Gesinde schrie sie an, das wäre eine heilige Stätte, und sie machten sich infolgedessen weiter auf den Weg.«
Heimskringla (nach 1230), Buch II, Kap. 170.

Abb. 6: Rekonstruktion (Modell) des Tempels von Upsala, Schweden.

»Der König [Ólaf] hatte 200 Mann mit sich. Er sah den Hof [von Raud] hoch- und gutverschlossen. Als diese alle aber zum Tor kamen, da war dieses offen und gut gebaut. Die Tür hing in Eisen [-Angeln]. Und es war keine leichte Aufgabe, hereinzukommen, wenn das Tor zugeschlagen war ... Sodann forschte der [christliche] König bei Raud: „Ist das eine Kirche, das schöne Haus, das ich hier auf dem Gehöft sehe?" Der Bauer antwortete: „Dies ist das Gästehaus, mein Herr, das im Sommer eingerichtet wurde und jetzt erst fertig geworden ist". Das ganze Dach des Hauses war aus Schindeln. Und war frisch geteert und neugedeckt. Sodann ging der König zum Wohnhaus, und der König sah, daß dies ein mächtiges Gebäude war. Das Wohnhaus war frisch geteert und gut mit Brettern gedeckt. Der König sah auf dem Hofe viele große und einige kleine Häuser. Und alle waren schön ausgeführt. Der König erforschte, ob dort irgendeine Kirche auf dem Hofe stünde. „Keine", sagte der Bauer. „Weil kein Bischof bisher herkam vor dem Euren" ... Als der König zum Gästehaus ging, trug man vor ihm eine brennende Kerze. Er schaute sich draußen auf dem Umgang [um das Haus] um. Und bedachte des Hauses Anlage. Bald begriff er dessen Grundriß, der rund war. Dann ging er hinein und sah, daß auf der inneren Außenwand ein Getäfel rings herumlief. Es gab vier Außentüren in gleichen Abständen voneinander. Innen vor der Außenwand standen hohe Pfosten aus Holz, und dort waren prächtige Betten aufgeschlagen, überall zur Verzierung mit Wandteppichen behängt. Zum Innern des Hauses hin waren 20 hohe und dicke Säulen aus Holz errichtet. Diese standen im Kreis. Von da ab wölbte sich der Dachstuhl. Alles war da farbig und bemalt. Zwischen den Säulen waren Bretter und davor nach innen zu waren die Lager für die reichen Männer. In jedem der vier Innenabteile konnten zwanzig Mann liegen, aber in den Außenabteilen vierzig. Dort schliefen des Königs Hofleute. In der Mitte des Hauses war eine kreisförmige Bühne. Weit, mit Schnitzwerk und rund herum Stufen zum Auf- und Niedersteigen. Und oben auf der Bühne stand ein großes Bett ...

Da sah er [der König] über sich nach dem Dach. Dort sah er Gott selbst gemalt in seiner Glorie und darüber die Engelsvölker. Und dort den weiten Himmel, der den ganzen Luftkreis begrenzte, und dort waren die Himmelskörper markiert darunter aber Wolken und Winde und viele Vögel. Noch tiefer aber die Erde mit Grasangern und Wäldern und allerhand lebenden Tieren, und weiter Meere und Seen und mannigfache Seetiere. An dem untersten Teil der Dachkuppel aber, schon außerhalb der Säulen, waren Sagen aus der Vorzeit und Sagas von berühmten Königen bildlich dargestellt [es handelt sich um einen ehemaligen Tempel, den Rauð zu einem Gästehaus umgewandelt hatte]."

Heimskringla (nach 1230), Rauðs þáttr ok sona hans Kap. 1 u. 3.

»In Holmgard [Nowgorod] war eine so große Friedensheiligkeit [friðhelgi], daß jeder erschlagen werden sollte, der einen nicht verurteilten Mann erschlug.«
Heimskringla (nach 1230), Ólafs saga Tryggvasonar Kap. 47.

»Die Bewohner von Geitland hatten mit Tunga-Odd den Tempel zu gleichen Teilen zu unterhalten ...
Helgi gab seinem Sohne Hrolf alle Ländereien östlich von der Eyjafjordsá aufwärts vom Arnarhval; er wohnte zu Gnupufell und errichtete dort einen großen Tempel ...
Seinem Sohne Ingjald gab Helgi der Magere das Land seewärts vom Arnarhval bis zum äußeren Þvera. Er wohnte im Oberen Þvera und errichtete dort einen großen Tempel ...
Bödvar der Weiße nahm an der Leirubucht landeinwärts alle Täler, die dort liegen, und auf der andern Seite seewärts bis Muli und wohnte in Hof. Er errichtete dort einen großen Tempel ...
Jedermann sollte [nach dem Ulfljotslög] Zoll zu dem Tempel bezahlen, wie jetzt den Zehnten für die Kirche ...
Audun der Rote wohnte in Hofsfell und errichtete dort einen großen Tempel ...
Ketilbjörn war so reich an Fahrhabe, daß er seinen Söhnen anbot, für den Tempel, den sie bauen ließen, einen Deckbalken aus Silber zu schmieden.«
Landnámabók (Mitte 13. Jh.), 64, 221f, 256, 259, 263, 313.

»Er [Þórólfr] legte ein großes Gehöft bei der Hofsbucht [d. i. Tempelbucht] an, das er Hofsstadir [Tempelstätten] nannte. Dort ließ er einen Tempel ausführen. Das war ein gewaltiges Gebäude. Es war eine Tür an der Seitenwand und nahe dem einen Giebel; innerhalb davon standen die Hochsitzpfeiler. In diesen befanden sich Nägel, die man Regin-Nägel [Götternägel] nannte. Da im Innern war eine große Friedensstätte. Vom Eingang weiter nach dem entfernteren

Giebel lag ein Raum ähnlich der Sakristei in den jetzigen Kirchen, und dort war eine Erhöhung [stalli] in der Mitte des Tempelflurs wie ein Altarplatz. Auf dem stalli lag ein offener Ring, zwanzig Unzen im Gewicht. Darauf mußten alle Eide geschworen werden. Diesen Ring sollte der Hof-Góði [Tempelgode] bei allen Þingversammlungen am Arm tragen. Auf dem Altar sollte auch die Opferschale stehen. Darin befand sich der hlauteinn [Sprengwedel] nach Art eines Weihwedels. Mit ihm sollte das Blut aus der Schale gesprengt werden, das man Opferblut nannte. Es war dies Blut, das floß, wenn die den Göttern geweihten Tiere geschlachtet wurden. Um den Altar [stalli] standen die Götterbilder in dem abgetrennten Raume. Jedermann hatte an den Tempel Zoll zu zahlen und war dem Goden für alle Þingfahrten zur Folge verpflichtet wie noch jetzt die Þingleute ihren Häuptlingen. Der Gode aber hatte den Tempel auf eigene Kosten zu erhalten, so daß er nicht verfiel, und er hatte in ihm die Opferfeste zu leiten.«
Eyrbyggja saga (10.-12. Jh.), Kap. 4.

»So gab der Jarl Hákon Sigmund das Geleit und fragte: „Was meinst du jetzt zu allem, und auf wen setzt du dein Vertrauen?" Sigmund antwortete: „Ich vertraue auf meine Kraft und Stärke." Der Jarl sprach: „Das geht nicht. Du mußt dein Vertrauen auf das Wesen lenken, dem ich wohl vertraue, und das ist Þórgerð Hölgabruð. Wir müssen zu ihr gehen und dort dein Heil versuchen". Siegmund stellte ihm das anheim. Und nun gingen sie [Hákon und Sigmund] auf einem Pfade zum Walde und dann weiter auf einen kleinen Seitensteg. Sie kamen auf eine Lichtung, und dort stand ein Haus, das von einem Zaun von Pfählen umgeben war. Dies Haus war sehr schön. Mit Gold und Silber waren dessen Holzschnitzereien verziert. Hákon und Sigmund gingen mit nur wenigen Leuten in das Haus. Viele Götzenbilder waren darin und manche Glasfenster am Hause, so daß es nirgendwo Schatten gab. Eine prächtig ge-

schmückte Frau [Þórgerð Hölgabrúð, die Schutzgöttin des Jarls] war im Hause, gerade dem Eingang gegenüber. Der Jarl warf sich ihr zu Füßen und lag lange so da. Dann stand er auf und sagte zu Sigmund, sie müßten der Frau ein Opfer darbringen und Silber auf den Stuhl vor ihr niederlegen.«
Færeyingasaga (10.-12. Jh.), Kap. 23.

»Damals war Jarl Hákon zu einem Gelage bei Gudbrand gezogen. In der Nacht ging der Mords-Hrapp zu dem Götterhaus [góðahús] des Jarls und Gudbrands. Er trat in das Haus ein; er sah die Þórgerð Hölgabrúð sitzen, die war so groß wie ein erwachsener Mann; sie hatte einen großen Goldring am Arme und eine Leinenhaube auf dem Kopf. Er zog ihr die Haube weg und nahm ihr den Goldring ab. Da sah er Þórr auf seinem Wagen und nahm ihm einen zweiten Goldring ab. Einen dritten nahm er von der Irpa und schleppte die Bildnisse alle hinaus und nahm ihren ganzen Anzug an sich. Darauf legte er Feuer an das Götterhaus und verbrannte es. Hernach ging er fort ...
Jarl Hákon und Gudbrand gingen diesen Morgen früh zu dem Gotteshaus und fanden es verbrannt und die drei Götter draußen, ihres ganzen Schmuckes bar. Da ergriff Gudbrand das Wort: „Große Macht ist unsern Göttern verliehen, daß sie selbst aus dem Feuer herausgegangen sind!" „Das werden nicht die Götter getan haben," sagte der Jarl: „ein Mensch wird den Tempel verbrannt und die Götter herausgetragen haben. Aber die Götter rächen nicht alles auf der Stelle: der Mensch wird weggejagt werden aus der Valhöll und nie hineinkommen, der dies getan hat" ... Der Jarl ging allein von allen Mannen fort und sagte, niemand dürfe mit ihm gehn, und blieb eine Weile aus. Er fiel auf die Knie und hielt die Hände vor die Augen. Dann ging er zu den andern zurück. Er sagte zu ihnen: „Kommt mit mir!" Sie gingen mit ihm. Er bog vom Wege ab, den sie vorher gegangen waren, und sie kamen zu einem Talkessel. Da

sprang Hrappr vor ihnen auf, und hier hatte er sich vorher versteckt gehabt.«
Brennu-Njáls saga (10.-12. Jh.), Kap. 88.

»Ein Tempel Freys stand dort südlich des Flusses zu Hripkelsstaðir.«
Víga-Glúms saga (10.-12. Jh.), Kap. 5.

»Ingimund nahm den ganzen Vatnsdal oberhalb des Helgavatn und Urdarvatn in Besitz. Seinen eigenen Wohnplatz wählte er sich in einer sehr schönen Niederung und errichtete dort einen Hof; auch baute er einen Tempel, hundertzwanzig Fuß lang.«
Vatnsdœla saga (10.-12. Jh.), Kap. 15.

»Wie sie [die Droplaugssöhne] ein Viertel des Weges hinter sich hatten, überfiel sie ein heftiger Schneesturm, und sie wußten nicht, wo sie waren, bis sie an eine Hauswand kamen, und sie gingen rechts um das Haus herum; da fanden sie eine Tür, und Helgi merkte, daß es das Götterhaus [góðahús] Bessis war.«
Droplaugarsona saga (10.-12. Jh.), Kap. 4.

»Vígfus war nun „Lebensringmann" [d. h. in der leichten Acht]. Er durfte aber nicht zu Hause [in Þverá] bleiben, wegen der Heiligkeit des Ortes [bei Þverá stand ein Tempel des Freyr].«
Víga-Glúms saga (10.-12. Jh.), Kap. 19.

»Er wurde Þórgrím der Gode genannt. Er war ein großer Opferer. Er ließ auf seinem Grundstück einen großen Tempel errichten. Der war hundert Fuß lang und sechzig breit. Für diesen sollten alle Leute einen Tempelzoll entrichten. Þórr war der damals angesehenste Gott. Weiter im Innern war etwas Rundes errichtet, wie ein Gewölbe. Das war ganz mit Tüchern behängt und mit Luken versehen.

Dort stand Þórr in der Mitte und andere Götter ihm zu jeder Seite. Vorne vor Þórr stand ein Altar [stalli], mit vielen Verzierungen versehen, und oben war er mit Eisen belegt. Darauf sollte ein Feuer sein, das nie erlöschen sollte. Das nannten sie geweihtes Feuer. Auf diesem Altar sollte ein großer Ring liegen, der aus Silber gemacht war. Ihn sollte der Tempelgode bei allen Männertreffen am Arm tragen. Auf ihn sollten alle Männer Eide bei allen Eidangelegenheiten schwören. Auf diesem Altar sollte auch ein großer Kessel aus Kupfer stehen. Dort hinein sollte alles Blut gegossen werden, von dem Vieh, das Þórr geopfert worden war, oder von Männern. Das nannten sie Opferblut und Opferblutkessel. Aus dem Kessel sollte über Männer oder Vieh gespritzt werden, aber das Vieh, das geweiht worden war, sollte der Bewirtung dienen, damals, als Blutopfer gebracht wurden. Und die Menschen, die sie geopfert hatten, sollten sie von oben in den Sumpf werfen, der draußen an der Tür war. Den nannten sie Blutsumpf ...
Búi wandte sich dem Tempel zu, und als er dorthin gekommen war, sah er, daß die Umzäunung unverschlossen war und ebenso der Tempel. Búi ging dann in den Tempel hinein; er sah, daß Þórstein vornübergebeugt vor Þórr lag.«
Kjalnesinga saga (13. Jh.), Kap. 2 und 4.

»Hall stritt mit den Leuten von Reykjanes um den Tempelzoll. Er wollte auch den Zoll westlich des Þórskafjordes einziehen, aber Hallstein und die Leute von Reykjanes hatten einen Þórstempel dort im Westen errichtet, nachdem ein großer Baum an sein Land getrieben war, als er geopfert hatte. Und dahin entrichteten sie ihren Beitrag.«
Gullþoris saga (13. Jh.), Kap. 7.

»Innerhalb der Stadt Arcon [Arcona auf Rügen] stundt die Kirch [Tempel], die ihrer Abgötterei wegen überall berufen, auf einer hübschen Ebene. Der äußere Umgang scheinete zierlich von gehauenem, und sonst von allerhand grobem gemahlten Werke, darinnen mancherlei Tiergestalten abgebildet, und ging man nur zu einer Pforte in dieselbe hinein. Die Kirche an ihr selbst war mit einer zweifachen Schranke umher verschieden, darvon die äußerste Wand mit einem himmelblauen Dache gedeckt, die innere aber an statt der Wand auf vier Pfeiler sich senkend von herrlichen aufgehängten Teppichen zierlich glänzend, und mit der äußeren, nichts denn das Dach, und etliche eingelegte Balken gemein hatte. In dieser Kirche stund ein Bild, an Größe weit über eines Menschen Länge, mit vier Angesichtern, deren zwei vorn, und gleich so viel hinten, doch etwas ab auf die rechte und linkere Seite gebeugt, in der rechten Hand hats ein Horn voll Wein, und in der anderen einen Bogen nahe der Seite, der Bart struplich und krauß, und die Haare abgeschnitten, daß gleichsam des Volkes Tracht, sowohl, als auch des Meisters Kunst daran zu spüren. Nicht weit davon hing ein Zaum, samt einem daselbst fest haftenden Stuhl, neben Stiefel und Schwert, das nicht allein groß und lang, sondern auch von Silber außwendig geätzt. Nach beschehener Ernte pflegten die Einwohner jährlichs vor der Tür ein Opfer zu schlachten und dabei ein köstlich Mahl auszurichten. Der Priester aber blieb inmittelst mit verschlossenem Munde in der Kirchen, und wenn er wollte Atem holen, lief er zu der Tür, auf das der gegenwärtige Gott durch das menschliche Anhauchen nicht erzürnt würde. Des morgens, wenn das Volk vor der Tür lag, ging der Priester allein mit ausgespreitem Bart hinein, und besah das Horn, so er vorigen Jahrs gefüllt, und wenn ers noch gleichvoll befand, verkündigte er in folgenden eine gute Ernte, war es aber geringer, hieß er die Früchte wegen künftiger Teuerung zu rat halten: Danach schmeckte er den alten Wein und goß ihn zu des Bildes Füßen.«

Albertii Crantzii, Wandalia oder Beschreibung Wendischer Geschicht (Lübeck 1636), Kap. 12.

Kapitel 4

Götterbilder

»Im übrigen entspricht es nicht ihrer [der Germanen] Anschauung von der Hoheit der Himmlischen, die Götter in Wände einzuschließen oder sie irgendwie in Menschengestalt nachzubilden.«
Tacitus (nach 98), Germania, Kap. 9.

»Es wird nämlich berichtet, daß Leute, denen dies von Athanarich [einem heidnischen Westgotenfürsten] befohlen war, ein Götterbild, das auf einem Wagen stand, an den Zelten derer, die als Christen angezeigt waren, herumgeführt hätten.«
Sozomenos (nach 439), Historica ecclesiastica, Buch VI, 37.

»Das irrgläubige Volk [Alemannen] verehrte dort drei erzene und vergoldete Standbilder, denen sie mehr Anbetung als dem Schöpfer der Welt erweisen zu müssen glaubten ... Gallus stärkte ihre Herzen durch beredte Worte und ermahnte sie, Jesus Christus, Gottes Sohn, zu bekennen ... Darauf hob er vor aller Augen die Götzenbilder empor, zerschmetterte sie an den Felsen und warf die Stücke in die Tiefe des Sees.«
Vita St. Galli (Anf. 9. Jh., Gallus ca. 550-640), 7.

»Über das Götzenbild, das sie durch die Felder tragen.«
Indiculus superstitionum (von 743), 28.

»Hier [in Luxovivum] waren warme Bäder mit besonderer Kunst eingerichtet; eine Menge steinerner Götzenbilder stand in dem na-

hen Wald, die in den alten Heidenzeiten durch abscheuliche Bräuche verehrt wurden. Wilde Tiere, Bären, Büffel und Wölfe gab es da in Scharen. Hier also begann der treffliche Mann [Columban] ein Kloster zu gründen.«
Jonæ, Vitae sanctorum Columbani (nach 642), Kap. 10.

»Als einst der Mann Gottes [Willibrord], in der gewohnten Weise predigend, umherzog, gelangte er zu einer Insel des Ozeans, Walachrum [Walcheren] mit Namen, auf der noch ein heidnisches Götzenbild stand. Bei diesem Bilde sammelte sich zu bestimmter Zeit das ganze Volk und zollte ihm die höchste Verehrung.«
Alcuin (um 790), Vita Willibrordi, 14.

»Dieses Volk [die Schweden] hat einen hochberühmten Tempel, der Upsala heißt, nicht fern von der Stadt Sigtuna. (Scholiast 134, 135: Nahe bei diesem Tempel steht ein sehr großer Baum, der seine Zweige weithin ausbreitet und im Winter wie im Sommer immer grün ist. Welcher Art derselbe ist, weiß niemand. Dort ist auch eine Quelle, wo die Heiden Opfer zu geben und einen Menschen lebendig zu versenken pflegen. Wenn derselbe nicht wiedergefunden wird, so ist der Wunsch des Volkes bestätigt. Jenen Tempel umgibt eine goldene Kette, die an dem Giebel des Gebäudes hängt und den Herankommenden weithin zublinkt, weil das Heiligtum selbst im Tal gelegen und ringsum wie ein Theater von Bergen umgeben ist). In diesem Tempel, der ganz aus Gold zubereitet ist, verehrt das Volk die Standbilder von drei Göttern, und zwar so, daß der mächtigste von ihnen, Thor, mitten im Gemach seinen Thron hat; zu beiden Seiten nehmen den Platz Wodan und Frikko [Freyr] ein. Ihre Bedeutung ist folgende: Thor, sagen sie, herrscht in der Luft und gebietet über Donner und Blitz, Wind und Regen, heiteres Wetter und den Fruchtertrag. Der andere, Wodan, d. h. Wut [furor], lenkt die Kriege und verleiht dem Menschen Tapferkeit ge-

Abb. 7: Rekonstruktion der Upsala-Götterbilder Wodan (links), Thor (Mitte) und Fricco (rechts) nach der Beschreibung von Adam von Bremen.

gen seine Feinde; der dritte ist Frikko, der Friede und Freude den Sterblichen spendet. Sein Bild versehen sie auch mit einem gewaltigen Zeugungsglied. Den Wodan aber stellen sie bewaffnet dar, wie wir es mit Mars zu tun pflegen; Thor aber scheint mit seinem Zepter [Hammer] dem Jupiter zu ähneln. Sie verehren auch vergötterte Menschen, die sie wegen außerordentlicher Taten mit der Unsterblichkeit beschenken, wie sie das nach dem „Leben des heiligen Ansgar" mit dem König Herich gemacht haben.«
Adamus Bremensis (gest. 1085), Gesta Hammaburgensis ecclesiae pontificum, Buch IV, 26. et Scholiast.

»Zu jener Zeit [um 1030], so geht die Rede, sei ein Mann aus Angeln mit Namen Wolfred, von der Liebe zu Gott getrieben, nach Schweden gekommen und habe den Heiden das Wort Gottes mit großer Glaubenskraft gepredigt. Als er durch seine Predigt viele zum christlichen Glauben bekehrt hatte, begann er ein auf dem Thingplatz der Heiden [wahrscheinlich in Upsala] stehendes Götzenbild namens Thor zu verfluchen; zugleich ergriff er eine Doppelaxt und schlug das Bild in Stücke. Für diese kühne Tat aber wurde er sofort mit tausend Wunden durchbohrt und seine Seele fuhr, des Märtyrerlorbeers würdig, gen Himmel. Seinen Leichnam verstümmelten die Barbaren und versenkten ihn nach mancherlei Verhöhnung in einen Sumpf.«
Adamus Bremensis (gest. 1085), Gesta Hammaburgensis ecclesiae pontificum, Buch II, 62.

»Noch andere Sklavenstämme gibt es, welche zwischen der Elbe und Oder wohnen, wie die Hevelder, die am Flusse Habola wohnen, und die Doxaner, die Lebuzzen, Wilinen und Stoderanen samt vielen anderen. Unter ihnen allen sind die in der Mitte liegenden Retharier die Mächtigsten. Ihre Stadt ist das aller Welt bekannte Rethre, der Sitz des Götzendienstes, wo den Dämonen, deren vor-

nehmster Redigast [Radegast, Beiname Wodans] ist, ein großer Tempel erbaut ist. Sein Bild ist von Gold, sein Lager von Purpur. Die Stadt selbst hat neun Tore, ist ringsum von einem tiefen See umgeben, über den eine hölzerne Brücke führt, die jedoch nur den Opfernden oder Orakelsprüche Einholenden zu betreten gestattet ist, ich glaube deshalb, weil dies darauf hinweist, daß die verlorenen Seelen derer, welche Götzenbildern dienen, füglich „neunfältig umströmet die Styx sie umschließend".«
Adamus Bremensis (gest. 1085), Gesta Hammaburgensis ecclesiae pontificum, Buch II, 18.

»Nachdem sie Berge, Täler und die weiten Ebenen [Böhmens] mit kritischem Blick geprüft hatten, nehme ich an, daß sie die ersten Wohnsitze in der Gegend des Georgsberges zwischen Eger und Moldau errichtet und froh waren, ihre Hausgötter, die sie auf Schultern mitgetragen hatten, hier aufzustellen. Dann sprach der Älteste der Einwanderer [Boemus]: „O meine Gefährten, die ihr mit mir mehr als einmal harte Belastungen in diesen unwegsamen Wäldern erduldet habt, haltet jetzt an und bringt euren Hausgöttern ein Dankopfer dar. Mit deren wunderbarer Hilfe seid ihr in das Land gekommen, das euch vom Schicksal vorherbestimmt war".«
Cosmas von Prag (gest. 1125), Chronica Boemorum, Buch 1.

»Der Fels heißt Freyfaxiklippe. Oberhalb von ihm stand das Götterhaus, das Hrafnkel gehört hatte. Þórkel ließ sich dahin führen. Er ließ alle Götterbilder plündern, danach ließ er Feuer an den Tempel legen und alles niederbrennen.«
Hrafnkels saga Freysgóða (10.-12. Jh.), Kap. 7.

»Gríma, Gamlis Frau, hatte aber einen großen Stuhl; in den Rücken des Stuhls war Þórr eingeschnitten; das war ein großes Bild.«
Fostbræða saga (10.-12. Jh.), Kap. 25.

»Einmal geschah es, daß der König fragte, wo Hallfred sei. Kalf sagte: „Er wird wieder seiner Gewohnheit nachgehen, heimlich zu opfern. Er hat ein Abbild Þórs aus Walroßzahn in seinem Beutel".«
Hallfreðar saga (10.-12. Jh.), Kap. 6.

»Die Finnin entgegnete: „Dies wird geschehen, wie ich's sage. Und das nimm zum Zeichen, das das Los [Amulett] aus deinem Beutel verschwunden ist, das dir König Hárald im Hafrsfjord [Bocksfjord] geschenkt hat; es liegt in dem Walde, in dem du wohnen sollst. Auf dem Los ist Freyr in Silber eingezeichnet" ...
Der König sagte: „Es wird wohl etwas daran sein, daß Freyr sein Bildnis dorthin gelangen lassen will, wo er sich seinen Ehrensitz aufrichten will".«
Vatnsdœla saga (10.-12. Jh.), Kap. 10 und 12.

»Er [der Missionar Stefnir] zog furchtlos nach Norden und nach Süden auf Island und lehrte die Menschen den rechten Glauben. Doch machten seine Lehren wenig Eindruck, und als er sah, daß er so keinen Erfolg hatte, fing er an, die Tempel und Opferstätten zu beschädigen und die Götzenbilder zu zerbrechen.«
Kristni saga (Anf. 13. Jh.), Kap. 6.

»In dieser Zeit hielt sich Othinus [Óðinn] doch häufiger in Upsala auf und ehrte diese Stadt ganz besonders als gewöhnliche Residenz, vielleicht wegen des Sinnes der Einwohner, vielleicht auch wegen der schönen Lage. Seiner göttlichen Majestät wünschten die Könige des Nordens ihre ergebene Verehrung zu zeigen, ließen seine Gestalt in einem goldenen Abbilde darstellen und schickten die Statue als Zeichen ihrer Ergebenheit mit dem Ausdrucke der frömmsten Gottesfurcht nach Byzantium; den Umfang der Arme der Statue umgaben sie mit schweren Spangen. Othinus war über diese Huldigung sehr erfreut und erkannte gern den guten Willen der Spender

mit lobenden Worten an. Frigg aber, seine Geliebte, ließ Schmiede kommen und der Statue das Gold abnehmen, um es zu ihrem eigenen Schmucke bei ihrem Auftreten zu verwenden. Othinus ließ die Schmiede den Tod durch den Strang sterben, die Statue auf einen Sockel stellen und machte sie sogar durch Zauberkraft sprechend bei menschlicher Berührung. Jedoch Frigg legte mehr Wert auf einen glänzenden Schmuck, als auf die göttlichen Ehren ihres Geliebten, gab sich einem Diener preis und benutzte dessen Geschicklichkeit, um die Bildsäule umzuwerfen; das Gold, das der allgemeinen Verehrung gewidmet war, benutzte sie als Mittel ihres Schmuckes.«
Saxo Grammaticus (nach 1200), Gesta Danorum, Buch 1.

»Dort [im Wald] fanden sie einen alten Holzmann [geschnitztes Götterbild], der war vierzig Fuß hoch und mit Moos bewachsen. Doch konnten sie sich eine Vorstellung von seinem Aussehen machen und warfen untereinander die Frage auf, wer wohl diesem großen Gotte geopfert habe. Da sprach der Holzmann: „Lang ist es her, daß Höklings Leute zur Heerfahrt ritten. Auf Rollenrossen weit auf dem salzigen Weg der Lachse: Da ward ich Herr der Höhe, der baumlosen. Und darum setzten die Seekrieger mich, Loðbróks Söhne, im Süden an den Strand: Da empfing ich Opfer, das Volk zu erschlagen auf der Insel Samsey südlichen Küste".«
Ragnars saga loðbrókar (2. Hälfte des 13. Jhs.), Kap. 20.

»Nun drangen sie in eine große Lichtung im Walde vor, und in dieser Lichtung war ein hoher Lattenzaun mit einer verschlossenen Tür [es war in Nordrußland, am Weißen Meer]. Sechs Männer des Volkes dort sollten jede Nacht die Umzäunung bewachen, immer zwei ein Drittel der Zeit. Als nun Þórir und seine Mannen an den Zaun kamen, waren eben die Wächter heimgegangen, aber die, die sie ablösen sollten, waren noch nicht zur Wache erschienen. Þórir ging nun zur Umzäunung, hakte seine Axt oben in den Zaun und zog sich dann Hand um Hand hinauf, und er kam so über den Zaun an der einen Seite des Tors. Und inzwischen hatte sich auch Karli über den Zaun gemacht an der andern Seite der Türe. Þórir und Karli kamen so zu gleicher Zeit vor den Eingang, schoben die Querriegel beiseite und öffneten die Tür, so daß die Männer in die Umzäunung hinein konnten. Da sprach Þórir: „In dieser Umzäunung ist ein Hügel, in dem alles zusammengeworfen ist, Gold, Silber und Erde, und an den sollen sich die Männer machen. Aber in der Umzäunung steht der Gott der Permer, der Jomali [Jumala = finn. Himmelsgott] heißt und keiner erkühne sich etwa, diesen zu berauben". Nun machten sie sich an den Hügel heran und nahmen dort so viel von den Schätzen, als sie konnten und trugen es in ihren Gewändern davon. Viel Erde war auch dabei, wie zu erwarten stand ... Þórir aber ging zurück zu Jomali und nahm einen Silberhumpen, der in seinem Schoße stand und mit Silbermünzen angefüllt war, und er schüttete das Silber vorn in seine Manteltasche und streifte den Henkel, der oben am Humpen war, über seinen Arm. Dann ging er durch das Tor hinaus. Aber während der Zeit waren seine Gefährten alle durch den Lattenzaun wieder ins Freie gekommen, und sie wurden nun gewahr, daß Þórir zurückgeblieben war. Da ging Karli zurück, um nach ihm zu sehen, und sie trafen sich noch innerhalb des Tores, und Karli sah, wie Þórir einen silbernen Humpen erbeutet hatte. Da rannte Karli zu Jomali hin und sah, daß ein dicker Halsschmuck um seinen Nacken lag. Er hob seine Axt und schlug den Riemen durch, mit dem das Halsband hinten an Jomalis Nacken befestigt war. So gewaltig war der Streich mit der Axt, daß Jomalis Haupt herabflog. Da gab es ein so gewaltiges Krachen, daß es ihnen allen wie ein Wunder vorkam. Aber Karli nahm den Halsschmuck, und sie gingen ihrer Wege.

Sobald aber der Krach ertönte, kamen die Wächter vor die Lichtung und bliesen sofort in ihre Hörner. Und darauf hörten sie von

allen Seiten um sich herum Trompeten blasen. So eilten sie zum Walde und flüchteten dort hinein, doch hörten sie aus der Lichtung hinter sich Lärm und Geschrei; denn inzwischen waren die Permer gekommen.«
Saga Ólafs konungs hins helga (um 1225), Kap. 133.

»König Ólav [Tryggvason] ging nun in den Tempel, und es begleiteten ihn nur wenige Männer und einige von den Bauern. Als aber der König dahim kam, wo die Götterbilder standen, da saß Þórr dort, ausgezeichnet vor allen Göttern, geschmückt mit Gold und Silber. König Ólav erhob da den goldgeschmückten Stab, den er in der Hand hielt, und schlug auf das Þórrbildnis, so daß es von seinem Sitze fiel. Darauf liefen des Königs Mannen herzu, und sie schlugen alle Götter von ihren Sitzen herunter.«
»Der König [Ólaf Tryggvason in der Seeschlacht bei Svoldr] sagte: „Jarl Erich wird uns nicht besiegen, solange er an seinem Schiff Þórr am Steven hat".«
»Der König [Ólaf Tryggvason] sagte: „Ich gebiete euch das Götzenbild zu zerbrechen, das nach Freyr gemacht ist, von dem mir gesagt ist, daß ihr ihm opfert. Aber wenn ihr das nicht tun wollt, so glaube ich, daß diese Sache wahr ist, die ich euch jetzt vorwerfe". Sie antworteten so: „Nicht werden wir das Bild Freys zerbrechen, denn wir haben ihm lange gedient, und das hat uns wohl getaugt".«
Ólafs saga Tryggvasonar (14. Jh.), Kap. 69, 252 und 322.

»Dort [in Jerusalem] empfing ich [Þórsteinn] die Taufe und kam in den Norden zurück nach Schweden. Da wünschte ich meiner Mutter den rechten Glauben beizubringen. Sie aber wollte ihn nicht und wähnte, sie habe ihren Sohn verloren, da ich Christ geworden wäre. Wir kamen schließlich überein, daß der von uns beiden dem andern sich fügen und nachgeben solle, dessen Götter die stärkeren wären. Darauf stellte man die heidnischen Götterbilder in aller ihrer Pracht in einem Kreise draußen vor das Haus, und man legte glühendes Eisen dem mächtigsten von ihnen auf die Kniee. Aber da lohte ein Götzenbild nach dem andern auf, und alle verbrannten völlig zu Asche. Darauf erhitzte man das gleiche Eisen und machte es glühend, und ich trug es neun Schritte nach der Christensatzung.«

Þóraríns þáttr Nefjólfssonar (ca. 1400).

Kapitel 5

Priester

»In der Prozession [bei dem Triumphzug des jüngeren Germanicus] zog auch Libes, der Priester der Chatten, auf.«
Strabon (ca. 18 u. Zt.), Geographia VII. 1, 4.

»Von den Cimbern berichtet man folgenden Brauch: Ihre Weiber, die mit den Männern zu Felde zogen, wurden von Priesterinnen begleitet, die die Gabe der Weissagung besaßen: Frauen mit grauem Haar und weißen Gewändern, die ihr Opferkleid aus spanischer Leinwand auf der Schulter mit Spangen befestigt hatten, einen ehernen Gürtel trugen und barfuß gingen«.
Strabon (ca. 18 u. Zt.), Geographia VII. 2, 3.

»Dann hebt, bei öffentlichen Beratungen der Stammespriester, in Privatangelegenheiten aber der Familienvater selbst, nachdem er zu den Göttern gebetet und gen Himmel emporgeblickt, dreimal ein jedes [Loshölzchen] auf und deutet sie nach dem vorher eingeschnittenen Zeichen ... Von den Priestern wird [beim Þing] Schweigen geboten, welche dann auch das Strafrecht haben ...
Bei den Narharnvalern zeigt man einen Hain uralten Kultes; Vorsteher ist ein Priester in weiblicher Tracht.«
Tacitus (nach 98), Germania, Kap. 10f u. 43.

»Auf Kosten der Allgemeinheit hält man in den erwähnten Hainen und Lichtungen Schimmel, die durch keinerlei Dienst für Sterbliche entweiht sind. Man spannt sie vor den heiligen Wagen; der Priester

Abb. 8: Die Allsherjargoden von Island und Deutschland in Þingvellir, 2000.

und der König oder das Oberhaupt des Stammes gehen neben ihnen und beobachten ihr Wiehern und Schnauben. Und keinem Zeichen schenkt man mehr Glauben, nicht etwa nur beim Volke; auch bei den Vornehmen, bei den Priestern; sich selbst halten sie nämlich nur für Diener der Götter, die Pferde hingegen für deren Vertraute«.
Tacitus (nach 98), Germania, Kap. 10.

»Was soll man über seinen Lehrer Valens sagen? ... Er wagte es, wie behauptet wird, durch gotische Gottlosigkeit entweiht, nach Sitte der Heiden mit Halskette und Armspange angetan, in den Gesichtskreis des römischen Heeres zu treten, was ohne Zweifel nicht nur für einen Priester, sondern für jeden Christen ein Frevel ist. Sogar nach römischer Sitte wird es verabscheut – wenn nicht die heidnischen Priester der Goten so aufzutreten pflegen.«
Concilii Aquilensis Epistola (von 381), LXI 465.

»Ich, der Gode zaubergefeit Eis Hagel [eh gudija ungandiz i h]«.
Runenstein von Huglen, Südhordland, Norwegen (um 400 u. Zt).

»Denn der höchste Priester von allen heißt bei den Burgunden Sinistus – er ist es lebenslänglich und keinen Wechselfällen ausgesetzt wie die Könige.«
Ammianus Marcellinus (um 394), Libri rerum gestarum, XXVIII, 5, 14.

»Auch hatten sie reichlich Lehrer der Weisheit. Daher waren die Goten stets gebildeter als fast alle anderen Barbaren und kamen nahezu den Griechen gleich, wie Dio berichtet, der die Geschichten und Jahrbücher derselben in griechischer Sprache verfaßt hat. Er sagt, daß diejenigen, welche unter ihnen durch edle Geburt hervorragten und aus welchen sowohl die Könige als auch die Priester entnommen wurden, zuerst Tarabosten, dann Pilleaten geheißen hätten«.
Jordanis, Getica (um 551), V, 30.

»Da kamen jene Priester der Goten, welche die Frommen [pii] hießen, nachdem plötzlich die Tore geöffnet waren, unter Citherspiel in weißen Kleidern heraus und riefen im Bittgesang die heimischen Götter an, daß sie hilfreich die Macedonier vertreiben möchten. Als die Macedonier diese so zuversichtlich auf sich zukommen sahen, stutzten sie, und sie, die Bewaffneten, wurden, wenn man so sagen darf von den Unbewaffneten in Schrecken gesetzt«.
Jordanis, Getica (um 551), X, 40.

So haben sie [die Schweden] für alle ihre Götter Priester bestellt, die die Volksopfer darbringen.«
Adamus Bremensis (gest. 1085), Gesta Hammaburgensis eccl. pont., IV, 27.

»Sogleich warf er [Coifi, der oberste Priester] den abergläubischen

Wahn ab und bat den König, ihm Waffen und einen Hengst zu geben, damit er ihn besteigend hinreiten könne, die Götterbilder zu zerstören. Es war nämlich dem Opferpriester nicht erlaubt gewesen, Waffen zu tragen noch anders als auf einer Stute zu reiten.«
Beda (um 730), Historia ecclesiastica gentis Anglorum II, 13.

»Es war dort [im Ásenland] Brauch, daß zwölf Tempelpriester [Hofgóðar] als oberste Goden galten. Sie hatten die Opfer zu leiten und unter den Männern Recht zu sprechen. Man nannte sie Díar oder Dróttnar [vgl. Drost = Fürst, Druide].«
Heimskringla (nach 1230), Ynglinga saga Kap. 2.

»Die meisten seiner Künste aber lehrte er [Óðinn] den Opfergoden, und sie kamen ihm in Weisheit und Vielkenntnis am nächsten«.
Heimskringla (nach 1230), Ynglinga saga Kap. 7.

»Damals wurde das Land [Island] in Viertel geteilt, und es sollten in jedem Viertel drei Þinge und in jedem Þingbezirk drei Haupttempel sein. Es wurden Männer gewählt, der Tempel in Klugheit und Gerechtigkeit zu warten. Sie sollten auf den Þingen die Richter ernennen und den Rechtsgang leiten. Daher wurden sie Goden [Góðar] genannt.«
Landnámabók (Mitte 13. Jh.), 259.

»Sein Sohn war Þórmóðr, der in der Zeit, als das Christentum nach Island kam, oberster Gode [Allsherjargóði] war.«
Landnámabók (Mitte 13. Jh.), I, 3.

»Rolf der Jüngere gab seine Tochter Þórlaug, die Godin [Gyðja], dem Oddi Yvarsson zur Frau ...
Landnámabók (Mitte 13. Jh.), 64.

Þorsteinn hatte die Godin [Gyðja] Þurið, die Tochter Sölmunds in Ásbjarnarnes, zur Frau.«
Landnámabók (Mitte 13. Jh.), 180.

»Jedermann hatte auf Island an den Tempel Zoll zu zahlen und war dem Goden [Góði] für alle Fahrten zur Folge verpflichtet wie noch jetzt die Þingleute ihren Häuptlingen. Der Gode aber hatte den Tempel auf eigene Kosten zu erhalten, so daß er nicht verfiel, und er hatte in ihm die Opferfeste zu halten ...
Snorri übernahm damals den Tempel. Daher nannte man ihn „Snorri góði".«
Eyrbyggja saga (10.-12. Jh.), Kap. 4 und 15.

»Þórólf und Unn hatten einen Sohn namens Stein. Diesen Knaben weihte Þórólf seinem Freunde Þórr und nannte ihn nach dem Gotte Þórstein ...
In dem Sommer, als Þórstein fünfundzwanzig Jahre alt war, gebar Þóra einen Knaben, den man Grím nannte, als man ihn mit Wasser besprengte. Diesen Knaben weihte Þórstein dem Þórr und bestimmte ihn zum Tempelgoden. Er nannte ihn nach dem Gotte Þórgrim«.
Eyrbyggja saga (10.-12. Jh.), Kap. 7 und 11.

»Odd war damals Häuptling im Borgarfjord südlich der Hvitá. Er war Tempelgode [Hof-góði] und sorgte für das Heiligtum, daß alle Männer innerhalb von der Skardsheide ihre Tempelabgaben entrichteten.«
Egils saga Skallagrímssonar (10.-12. Jh.), Kap. 84.

»Es war da auf Island eine Frau namens Steinvör, die war Tempelpriesterin [Hof-Gyðjar] und verwaltete den Haupttempel, zu dem alle Bauern Zins zahlen mußten. Diese Steinvör besuchte den

Abb. 9: Priester am Opferstein in den Habichtsbergen (Mark Brandenburg).

Brodd-Helgi, der ein Verwandter von ihr war, und erzählte ihm von ihrer Schwierigkeit, daß nämlich Þórleifr der Christ keinen Tempelzins bezahle wie andere Leute. Brodd-Helgi versprach, in ihrem Namen die Klage gegen Þórleifr zu führen.«
Vápnfirðinga saga (10.-12. Jh.), Kap. 5.

»Sobald aber Hrafnkel in Adelfarm sich festgesetzt hatte, da fing er mächtig an zu opfern. Er ließ einen großen Tempel bauen. Keinen Gott liebte er mehr als Freyr, und ihm schenkte er von allen seinen besten Besitzstücken die Hälfte. Hrafnkel nahm das ganze Tal in Besitz und schenkte neuen Ansiedlern Ländereien, aber er wollte ihr Häuptling sein und machte sich zu ihrem Goden. Daher bekam er einen Beinamen und hieß Frey-Gode oder Freys-Priester.«
Hrafnkels Saga Freysgóða (2. Hälfte des 13. Jh.), Kap. 3f.

»Die Ziehtage über ritt der Gode Grímkel über Matternhof nach Ölfus (...) Er berief alle Bauern, die er unterwegs antraf auf den dritten Tag zu einer Zusammenkunft nach Mittelberg; denn er war über alle diese Bezirke Gode. Nach Mittelberg kamen sechzig von seinen Þingleuten«.
Harðar Saga Grímkelssonar ok Geirs (13. Jh.), Kap. 10.

»Da bereitete Þórarin die Klage gegen Glúm für das Reiherwerderþing vor, denn alle die Goden, welche dies Þing zu leiten hatten, waren dem Þórarin durch Verschwägerung verpflichtet.«
Víga Glúms saga (10. - 12. Jh.), Kap. 24.

»Dies ist verordnet in unserm Gesetz, daß wir vier Viertelsgerichte haben sollen. Einen Mann soll ins Gericht ernennen jeder Gode, der ein altes und volles Godentum hat. Aber das sind volle und alte Godentümer: Als noch drei Þingkreise waren in jedem Viertel und der Goden in jedem Þingkreis ... Der Gode soll treten in die Felsscharte und dort niedersetzen seinen Richter, wenn er ins Gericht ernennen will, und sich Zeugen ernennen, zwei oder mehr: „Ich ernenne Zeugnis dazu, daß ich diesen Freien ins Gericht ernenne" – und soll ihn bei Namen nennen – , „zu urteilen in all den Klagen, die hier an dieses Gericht kommen und worin ihn das Gesetz zu urteilen verpflichtet, und ich lade ein den Kläger und den Abwehrer der Klage, dieses Gericht zu sichten, und ich gönne ihm Sitz im Gericht, es trete denn gültige Verwerfung ein: dann setze ich einen andern berechtigten an seine Stelle, wenn er nach dem Gesetz ausgeschieden wird" – und soll angeben, in welches Gericht er ernennt –, „und ich ernenne gültiges Gericht" ... Die Goden sollen alle ans Þing kommen an dem Donnerstag, da zehn Wochen vom Sommer um sind, bevor die Sonne vom Þingfeld geht. Kommen sie nicht, dann sind sie bußfällig und aus ihrem Godentum, wenn nicht Notlage verschuldet, daß sie nicht kommen.«

Grágás konungsbók (um 1260), Þingskapa þáttr.

Kapitel 6

Opferfeste

»Es ist suevisches Volk, das dort wohnt. Als sich Columban nun dort niedergelassen hatte und einmal bei den Bewohnern des Ortes herumging, fand er sie im Begriffe, ein heidnisches Fest zu feiern. Sie hatten ein großes Gefäß, das sie Cupa [Kufe, Kelch] nennen und das ungefähr zwanzig Eimer faßte, mit Bier gefüllt in ihre Mitte gesetzt. Columban trat hinzu und fragte sie, was sie damit wollten; sie erwiederten, sie wollten ihrem Gotte namens Wodan (den andere Merkurius nennen) ein Opfer bringen. Wie er von diesem scheußlichen Werke hörte, blies er das Faß an, und siehe da, es löste sich mit Gekrach und sprang in Stücke, so daß alles Bier augenblicklich herausströmte. Da zeigte es sich klar, daß der Teufel [gemeint: Wodan] in der Cupa verborgen gewesen war, der durch das irdische Getränk die Seelen der Opfernden fangen wollte.«
Jonæ (nach 642), Vitae sanctorum Columbani Kap. 27.

»Sie begannen aber das Jahr vom 8. Tage vor den Kalenden des Januars, wo wir jetzt den Geburtstag des Herrn feiern, und diese Nacht, jetzt uns heilig, damals in heidnischer Bezeichnung modraneht, d. i. der Mütter Nacht, wegen, wie wir vermuten, der Gebräuche, die sie durchwachend ausübten ...
Solmonath [Februar] kann der Monat der Kuchen genannt werden, die sie in ihm ihren Göttern darbrachten, Hredmonath [März] wird nach ihrer Göttin Hreda, der sie in ihm opferten, benannt. Eosturmonath [April], der jetzt mit Passahmonat [paschalis mensis] übersetzt wird, hat den Namen von ihrer Göttin, die Eostre [Ostera,

Abb. 10: Silberner Kultkessel von Gundestrup, Dänemark (2. Jh. v. u. Zt.).

Freyja] genannt wurde, und welcher sie in ihm Feste feierten, gehabt, welchen Namen sie jetzt der Passahzeit beilegen, indem sie mit dem aus altem Brauche gewohnten Worte die Freuden der neuen Festlichkeit bezeichnen ... Halegmonath [September], der Monat gottesdienstlicher Handlungen. Vintirfyllith kann als Zusammensetzung mit neuem Namen Wintervollmond gesagt werden. Blotmonath [November] ist der Monat der Opferhandlungen, weil sie in ihm das Vieh, welches geschlachtet werden sollte, ihren Göttern weihten.«
Beda (um 730), De temporum ratione 15.

»Die Ásennachkommen wenden sich den Opfern zu [ásmegir hverfa til blóta].«
Einarr Helgason skálaglamm (um 980), Vellekla Str. 16.

»Diesen [Göttern] wurden eigene Priester, besondere Opfer und mancherlei religiöse Bräuche gewidmet. Und zwar sagt der Priester nach dem Spruch der Orakelstäbchen Feste zu Ehren der Götter an; dann kommen Männer, Frauen und Kinder zusammen und bringen ihren Göttern Opfer dar von Rindern und Schafen ... Ist das Opfer getötet, so kostet der Priester vom Blute, um sich zum Empfang göttlicher Weisungen besser zu befähigen. Viele glauben ja, daß dämonische Wesen [gemeint: Götter] durch ihr Blut leichter anzulocken sind. Wenn die Opfer nach dem Brauche vollzogen sind, geht es ans Schmausen und Feiern. Sonderbar ist ein abergläubischer Brauch bei den Heiden. Sie lassen bei ihren Gastmählern und Zechgelagen eine Schale herumgehen, über der sie im Namen der guten wie der bösen Gottheit, wie ich sagen möchte heillose statt heiliger Worte sprechen, denn sie glauben, daß alles Glück von einem guten, alles Unglück von einem bösen Gotte gelenkt werde.«
Helmold von Bosau (um 1170), Wendische Chronika, Buch I, Kap. 52.

»Geopfert werden sollte gegen die Winterszeit [í móti vetri] für ein gutes Jahr [til árs] und im Mittwinter [at miðjum vetri] für das Frühlingswachstum [til gróðrar]. Das dritte Jahresopfer aber im Sommer [at sumri] war das Siegopfer [sigrblót].«
Heimskringla (nach 1230), Ynglinga saga Kap. 8, Lagasetning.

»In ganz Inner-Drontheim ist fast das ganze Volk heidnisch in seinem Glauben, wenn auch einige Männer dort getauft sind. Nun ist es ihr alter Brauch, im Herbst ein Opferfest zu begehen, und da den Winter zu begrüßen, ein zweites zu Mittwinter und ein drittes gegen den Sommer, da begrüßen sie den Sommer. So ist es Brauch bei den Bewohnern der Inseln wie bei denen von Sparbuen, von Verdalen und von Skogn. Dort sind zwölf Männer, die es auf sich nehmen, die Opferfeste zu leiten, und jetzt im nächsten Frühjahr ist Ölvir dran, das Fest zu geben. Eben weilt er in großer Geschäf-

tigkeit in Mæren, und dorthin hat man alles Gut gebracht, was man zur Veranstaltung des Festes braucht.«
Heimskringla (nach 1230), Saga Ólafs konungs hins helga Kap. 109.

»Solange das Heidentum herrschte, war er [Sigurðr] gewohnt, jedes Jahr drei Opferfeste zu veranstalten, eins zu Wintersanfang, ein anderes im Mittwinter, ein drittes gegen den Beginn des Sommers. Und als er Christ wurde, behielt er dieselbe Gewohnheit in der Veranstaltung der Feste bei. Im Herbst lud er immer eine Menge Freunde ein, und im Winter bat er zum Julfest: Da lud er wieder viele Leute zu sich. Ein drittes Fest hielt er zu Ostern ab, und auch da bat er wieder eine Menge Menschen zu sich.«
Heimskringla (nach 1230), Saga Ólafs konungs hins helga Kap. 117.

»Sigurðr, der Jarl von Hlade, war ein eifriger Opferer [blótmaðr], und dies war auch schon sein Vater Hákon gewesen. Jarl Sigurdr stand allen Opferfesten dort in Þrœndalögum [Drontheim] an Stelle des Königs vor. Es war alter Brauch, daß, wenn ein Blót [Opfer] stattfinden sollte, alle Bauern an die Stätte zu kommen hatten, wo der Tempel [hof] stand, und daß sie dort alle Lebensmittel mitbringen mußten, die sie nötig hatten, solange das Fest währte. Und zu diesem Fest sollten außerdem alle Männer Bier mitbringen. Man schlachtete dort auch Vieh aller Art und ebenso auch Pferde. Alles Blut aber von diesen nannte man Opferblut [hlaut, wörtlich: „Los"], die Schalen, in denen das Blut stand, hießen Opferschalen [hlautbollar], die Opferwedel [hlautteinar] aber waren nach Art von Sprengwedeln gemacht. Mit diesen sollten die Götteraltäre [stallr] allesamt besprizt werden, ferner die Wände des Tempels innen und außen. Auch auf die Menschen sollte man das Opferblut mit ihnen sprengen. Das Fleisch aber sollte gesotten werden zu frohem Schmaus für die Anwesenden. Feuer waren in der Mitte des Tempelflurs angezündet, und Kessel sollten darüber sein, und man soll-

te die vollen Becher [full] über das Feuer hinreichen. Der Veranstalter und Leiter des Festes aber sollte die Becher und die ganze Opferspeise segnen. Zuerst sollte man Óðinsfull für den Sieg und die Herrschaft seines Königs trinken, und dann Njarðarfull und Freysfull für fruchtbares Jahr und Frieden [árs ok friðar]. Danach pflegten manche Männer Bragafull zu trinken. Man trank auch Becher auf seine Verwandten, die schon im Grabe lagen, und diese nannte man die Gedächtnisbecher [minni]. Jarl Sigurð war nun ein äußerst freigebiger Mann. Er vollbrachte eine Tat, die weit berühmt wurde. Er veranstaltete nämlich ein großes Opferfest in Lade, und er bestritt allein die ganzen Kosten.«
Heimskringla (nach 1230), Hákonar saga góða Kap. 14.

»Vor der Zeit und lange nachher glaubten die Leute auf Gotland an Haine und Hügel, heilige Orte und eingehegte Plätze und an heidnische Götter; sie opferten ihre Söhne und Töchter und Vieh mit Speise und Trank. Das taten sie nach ihrem Aberglauben. Das gesamte Land hatte ein höchstes Opfer mit Menschen, außerdem hatte jedes Drittel eines für sich. Die kleineren Þinge aber hatten kleinere Opfer mit Vieh, Speise und Trank: Diese hießen Sudgenossen, weil sie alle zusammen sotten.«
Gutasaga (13. Jh.), Kap. 1.

»Ich kam in ein Haus eines Dorfes [in Preußen] und fand in ihrer Stube viele Männer und Frauen, dabei predigte in preußischer Sprache ein alter Bauer, ihr Waidelott [Priester] ... Ich mußte einen Eid schwören im Namen Perkuno des Gottes [Þórr], daß ich es dem Bischof nicht sagen durfte, der ihr Herr war. Und ich schwur und opferte mit. Dem Waidelotten war ein Stuhl so hoch errichtet, daß er mit seinem Kopfe bis nahe an die Stubendecke reichte, und so predigte er ihnen. Zuerst erzählte er ihnen von ihrem Herkommen, und was sie damals getan hatten. Danach erzählte er ihnen die

10 Gebote Gottes, und wahrlich, bis auf diesen Tag hatte ich sie nicht so schön gehört. Danach nahmen sie einen Bock und segneten ihn und taten ein Langes Gebet über ihn. Danach gingen sie jeder einzeln hinzu und beichteten ihre Missetaten, was man getan hatte wider die Lehren des Waidelotten. Danach hielt man den Bock fest, und der Waidelotte hieb ihm das Haupt ab. Das Blut fingen sie auf und gaben es ihrem kranken Vieh. Sie hieben ihn in Stücke und die Frauen hatten einen glühenden Backofen. Das Fleisch vom Bocke legten sie auf Eichenblätter und brieten es so. Unter diesem Braten kniet sich ein Jeglicher vor den Waidelotten, und der Waidelotte zieht ihn an den Haaren und gibt ihm eine Ohrfeige als Absolution [Vergebung] ... Danach heben sie an zu Trinken und essen, und dies nennen sie „Kirwaiten" und niemand darf nüchtern, sondern muß ganz trunken heimgehen.«
Simon Grunau (um 1520), Preußische Chronik, Buch I.

Kapitel 7

Julfest und Eberopfer

»Es brannte aber in der Halle ein Feuer, der Zeit entsprechend, denn der Mittwinter war herangekommen; an ihm saßen auf gesonderten Plätzen auf der einen Seite der König, auf der anderen die Kämpen. Als sich Erik diesen zuwandte, erhoben sie rauh tönende Laute wie heulende Wölfe.«
Saxo Grammaticus (vor 1200), Gesta Danorum, Buch V, 3.

»Arinbjörn gab eine große Juleinladung [jólaboð] und lud seine Freunde und die Bauern der Gegend zu sich ein; da gab es eine große Menge Leute und gute Bewirtung. Arinbjörn schenkte Egil als Julgabe ein Schleppgewand ... Vielerlei Freundschaftsgeschenke gab Arinbjörn zur Julzeit den Männern, die er zu sich geladen hatte, denn Arinbjörn war unter allen Männern besonders großzügig und freigebig.«
Egils saga Skallagrímssonar (10.-12. Jh.), Kap. 67.

»In diesem Winter zur Julzeit veranstaltete Þórólfr ein großes Trinkgelage ...
Sie nahmen ihr Julbier und verwandten es für die Totenfeier.«
Eyrbyggja saga (10.-12. Jh.), Kap. 31 und 54.

»Es bestand große Freundschaft zwischen den Brüdern und Vigfus, und sie hatten einander von Winter zu Winter wechselnd zum Julschmaus bei sich; diesmal sollten die Brüder den Julschmaus rüsten ... Nun kamen die Leute zum Julschmaus zu den zwei Brüdern.

Wenn aber paarweises Sitzen angeordnet und gelost wurde, wer bei Astrid, der Tochter des Gauhäuptlings Vígfus, sitzen sollte, traf das Los immer auf Eyjólf; doch sah keiner die beiden mehr miteinander reden als andere Leute. Aber viele sagten, daß es sich wohl deshalb so gefügt habe, weil sie ihm zur Frau bestimmt sein werde. Der Schmaus ging zu Ende; es war großartig bewirtet worden, und die Gäste wurden mit Geschenken entlassen.«
Víga Glúms saga (10.-12. Jh.), Kap. 3.

»So kam das Julfest heran. Und am achten Jultag gab der Jarl Eirik seinen Mannen Geschenke, wie es der Brauch vornehmer Männer in andern Ländern ist ... Nach dem achten Jultag zog Þórd heim nach Hitachkap und Þórstein und seine Gefährten mit ihm, und dort blieben sie den Rest des Julfestes.«
Bjarnar saga Hitdœlakappa (10.-12. Jh.), Kap. 3 und 28.

»Der König schenkte Ólaf zum Julfest einen ganzen aus Scharlach geschnittenen Anzug.«
Laxdœla saga (10.-12. Jh.), Kap. 22.

»Es wird berichtet, daß Þórberg durch seinen Knecht Otrygg das Vieh, das er zu Jul schlachten wollte, auf die Inseln im See bringen ließ, dazu auch Rinder und Lastpferde.«
Reykdœla saga ok Víga-Skútu (10.-12. Jh.), Kap. 18.

»Jarl Sigurðr hatte im Winter ein großes Julfest ausgerichtet. Und am Vorabend des Festes kamen von Norden her aus Norwegen zwölf Leute dorthin, Sendboten des Jarls Erich, und sie führten Geschenke für Jarl Sigurðr mit sich.«
Gunnlaugs saga Ormstungu (10.-12. Jh.), Kap. 8.

»König Hákon nahm Gunnar gut auf und lud ihn ein, den Winter

bei ihm zu bleiben. Er nahm das an und kam bei jedermann in hohe Achtung. Am Julfest schenkte ihm der Jarl einen goldenen Ring.«
Brennu-Njáls saga (10.-12. Jh.), Kap. 31.

»Er [Halfdan der Alte] veranstaltete zu Mittwinter ein großes Opfer, und zwar opferte er zu dem Zweck, dreihundert Jahre als König leben zu können.«
Jüngere Edda (vor 1220), Skáldskaparmál Kap. 64.

»Dort liegt Upsalir, und da ist das Þing aller Schweden. Da waren auch damals große Opfer, und manche Könige stellten sich dazu ein. Das war zu Mittwinter.«
Heimskringla (nach 1230), Ynglinga saga, Kap. 34.

»Später im Winter wurde dem König [Ólaf dem Dicken] gemeldet, daß die Innen-Drontheimer sich in Mærin versammelten und dort große Opfer zu Mittwinter stattfänden. Sie opferten zu der Zeit um Frieden und guten Winterverlauf.«
Heimskringla (nach 1230), Saga Ólafs konungs hins helga Kap. 108.

»König Halfdan weilte während der Julzeit in Hadeland. Da ereignete sich ein Wunder am Julabend. Als die Männer zu Tisch gegangen waren und sich in großer Zahl eingefunden hatten, da verschwand plötzlich alle Speise und aller Trank von den Tischen [die Opfergaben wurden von den Göttern angenommen].«
Heimskringla (nach 1230), Hálfdanar saga svarta Kap. 8.

»König Ólaf hielt ein großes Julfest ab, wo er eine Menge mächtiger Männer um sich versammelt sah. Am siebenten Jultage machte der König einen Spaziergang ... und hatte dazu seine kostbarsten Schätze hervorholen lassen, um am achten Julabend [das ist der

Neujahrstag] Freundschaftsgeschenke zu verteilen.«
Heimskringla (nach 1230), Saga Ólafs konungs hins helga Kap. 162.

»Er [König Hákon d. Christ] gab ein Gesetz, daß das Julfest der Heiden künftig zu derselben Zeit abgehalten werden sollte wie das Julfest der Christen. Da sollte jeder ein bestimmtes Maß Bier brauen oder sonst Strafe zahlen, und er sollte die Zeit heilig halten, solange das Bier reichte. Vorher hatte das Julfest aber in der Hökunacht, das war die Mittwinternacht begonnen, und dann wurde Jul drei Tage lang gefeiert.«
Heimskringla (nach 1230), Hákonar saga góða Kap. 13.

»Als nun Mitt-Jul herangekommen war, gingen Þórar und alle seine Mannen mit ihm zu seinem Schwager, und dort saß er für den Rest des Julfestes beim Gelage.«
Heimskringla (nach 1230), Saga Ólafs konungs hins helga Kap. 141.

»Nur drei Tage lang hielt man die Heiligkeit des christlichen Julfestes ein, so daß nicht gearbeitet wurde. Aber am letzten Tage des Julfestes ließ König Hárald der Flotte zum Aufbruch blasen.«
Heimskringla (nach 1230), Magnúss saga blinda ok Háralds gilla Kap. 6.

»Gregorius brach von Kungälf in den letzten Jultagen mit einem großen Gefolge auf, und sie kamen am dreizehnten Jultag nach Foß. Sie blieben dort zur Nacht, und sie hörten daselbst die Frühmesse am letzten Jultag.«
Heimskringla (nach 1230), Hákonar saga herðibreiðs Kap. 14.

»Anakol war wie immer die halbe Julzeit auswärts auf Gelagen ... Als die Gäste fort waren, die man dort während der zweiten Hälfte des Julfestes bewirtet hatte ... «
Flóamanna saga (13. Jh.), Kap. 26.

»Moldi sagte: „Dann fordere ich dich auf den Holm drei Nächte nach Jul." Þórstein sagte: „Warum nicht gar! Schlagen wir uns doch vor Jul, und am liebsten auf der Stelle, wenn dir's recht ist." Moldi sagte: „Nein, ich will die heilige Götterzeit nicht entweihen und bin nicht toll darauf".«
Svarfdæla saga (13. Jh.), Kap. 8.

»Kolgrím sandte den Winkelern die Einladung zu gemeinsamem Ball- und Schlägerspiel auf dem Sande. Sie nahmens an. Die Spiele begannen nun und währten über die Julzeit.«
Harðar saga Grímkelssonar ok Geirs (13. Jh.), Kap. 14 und 23.

»Nun soll erzählt werden, aus welchem Grunde die Heiden ihr Julfest feierten, denn damit steht es ganz anders als bei den Christen. Denn diese halten ihr Julfest wegen der Geburt unseres Herrn Jesus Christus, aber die Heiden begingen das Fest zu Ruhm und Ehren des bösen Óðinn.«
Flateyjarbók I, 564 (14. Jh.), Ólafs saga Tryggvasonar hin mesta Kap. 453.

»Da fuhr Hedin am Julabend einsam heim aus dem Walde ... Abends wurden Gelübde verheißen und der Sühneeber [Sónargoltr] vorgeführt, auf den die Männer die Hände legten und beim Schwurbecher Gelübde taten.«
Sæmundar-Edda (um 1087), Helgaqviða Hjörvarðzsonar Pr. IV.

»König Dag ward unmutig, daß sein Sperling nicht wiederkam. Er ging zum Eber-Opfer [sonarblót] um Auskunft und erhielt dort die Antwort, daß der Sperling in Vörvi getötet sei.«
Heimskringla (nach 1230), Ynglinga saga Kap. 18.

»König Heiðrek opferte dem Freyr und verehrte ihn am meisten von allen seinen Göttern. Es war Brauch, daß man den Eber nahm,

der am besten gedieh und den sollte man aufziehen; den sollte man Freyr für eine Verbesserung des Ernteertrages geben zu Beginn des Monats der Februarius heißt [Mondkalender!]; dann sollte man ein Opfer darbringen für das Wohlergehen. Der König sagt, daß dieser Eber so heilig sei, daß man auf Grund dieses Opfers über alle wichtigen Dinge entscheiden könne. Am Vorabend des Julfestes sollte dieser Opfereber vor den König geführt werden; Männer legten ihm die Hände auf die Borsten und legten dabei Gelübde ab. König Heiðrek gelobte und schwor ... «
Hervarar saga ok Heiðreks konungs (13. Jh.), Kap. 14, Handschrift U.

»Es ging nun weiter bis zum Julfest, und als die Leute am ersten Julabend auf ihren Plätzen saßen, stand Hroar auf und sagte: „Hier betrete ich den Block und tue den Schwur, daß ich vor nächstem Julfest den Hügel des Víkingers Soti erbrochen haben will".«
Harðar saga Grímkelssonar ok Geirs (13. Jh.), Kap. 14 und 23.

»König Heiðrek ließ einen mächtigen Eber aufziehen; der war so groß wie die größten ausgewachsenen Stiere und so schön, daß jedes Haar aus Gold zu sein schien. Der König legt dem Eber eine Hand auf den Kopf und die andere auf die Borsten, und er schwört, daß ihm niemals ein Mann so großes Unrecht getan habe, daß er nicht ein gerechtes Urteil von seinen Beratern bekommen könne – jenen zwölf, die sich des Ebers annehmen sollten – oder er solle ihm sonst solche Rätsel aufgeben, die er nicht erraten könne.«
Hervarar saga ok Heiðreks konungs (13. Jh.), Kap. 8. Haupthandschrift R.

»Eines Julabends in Bolm leistete Hjörvarð das Gelübde beim Bragibecher, wie es Sitte war, daß er Ingibjörg die Tochter des Königs Yngvi von Upsala zum Weibe haben wolle.«
Hervarar saga ok Heiðreks konungs (13. Jh.), Kap. 4.

Kapitel 8

Einzelne Jahresfeste

»Sobald aber 35 Tage dieser langen Nacht [der Polarnacht] vorüber sind, werden einige der Bewohner Thules auf die äußersten Höhen der Berge gesandt, und zwar ist dies dort Sitte, welche von dort auf irgendeine Weise die Sonne sehen und den Leuten drunten melden, daß in fünf Tagen die Sonne sie beleuchten werde. Die frohe Botschaft feiern sie mit dem ganzen Volke, und zwar noch in der Finsternis. Und dies ist der Thulebewohner größtes Fest.«
Procopius (um 550), De bello Gothico. 2, 15.

»Erst danach wurde der Fluch von ihm [Hading] genommen, als er seine Freveltat durch Opfer sühnte und die Gunst der Götter wieder gewinnen konnte. Damit die Götter ihm wieder ihre Gnade zuwandten, opferte er dem Gotte Frö [Freyr] schwarze Opfertiere. Diese Art des Opfers wiederholte er im jährlichen Umlaufe der Tage und hinterließ sie auch der Nachwelt zur Nachachtung. Fröblod nennen die Schweden dieses Opfer.«
Saxo Grammaticus (nach 1200), Gesta Danorum Buch I, 37.

»Nun war König Adils einmal bei einem Dísenopfer [dísablót], und er ritt sein Roß durch die Dísen-Halle. Das Roß strauchelte unter ihm und fiel zu Boden, und der König sank nach vorn herunter. Sein Haupt stieß dabei an einen Stein, daß im der Schädel brach und das Hirn auf den Steinen lag. Dies war sein Tod. Er starb in Upsala und wurde dort im Hügel beigesetzt.
Heimskringla (nach 1230), Ynglinga saga Kap. 29.

Abb. 11: Auf dem Frau-Holle-Heiligtum des Hörselberges, Thüringen.

»In Schweden war es ein alter Brauch, solange das Heidentum dort herrschte, daß das Hauptopfer im Monat Goi [Februar] zu Upsala stattfinden sollte. Da sollte ein Opfer gebracht werden für Frieden und für den Sieg ihres Königs. Dorthin sollten Männer aus dem ganzen Schwedenreiche kommen, und dort sollte zu gleicher Zeit das Þing aller Schweden abgehalten werden. Auch war dort ein Markt [Dístingmarkt] und eine Messe, die eine Woche lang dauerte.«
Heimskringla (nach 1230), Saga Ólafs konungs hins helga Kap. 77.

»Hier will ich aber doch die wunderbaren Geschichten, die ich von ihren [der Dänen] Opfern gehört habe, nicht unerwähnt lassen. Es ist ein Ort in jenen Gegenden, namens Lederun [Lejre bei Roeskilde], die Hauptstadt jenes Reiches im Gau Selon [Seeland], wo alle neun Jahre im Monat Januar, nach der Zeit, wo wir die Erschei-

nung des Herrn feiern, alle zusammenkamen und ihren Göttern neunundneunzig Menschen und ebenso viele Pferde nebst Hunden und Hähnen, die man in Ermangelung der Habichte opferte, töteten, indem sie für gewiß glaubten, daß diese ihnen bei den Göttern Dienste leisten und begangene Missetaten bei ihnen sühnen würden.«
Thietmari Merseburgensis Episcopi (nach 1009), Chronicon Buch I, 17.

»Der Neumond, der nach 0 Uhr mitternachts zwischen dem 6./7. Januar eintrifft, ist der Dístingsneumond; der darauf folgende Vollmond ist Dístingsvollmond.«
Zusammenfassung aus Olaus Magnus (um 1550), Historia om det nordiske Folken 4, Kap. 6.

»Wenn Dreizehntetags Neumond zu Vollmond geht,
dann Dísating in Upsala steht.
[När trettondags nyt i fylle går,
då disating i Upsala står].«
Joh. Bureus (1599), Runokänslones lärespån.

»Der Neumond, der nach Dreizehntetags Mittnacht erscheint, ist Dístingmond.«
Magnus Celsius (1673), Comp. Eccl.

»Es pflegt auch alle neun Jahre ein gemeinsames Fest aller schwedischen Lande in Upsala gefeiert zu werden. (Scholiast: Dieses Opfer findet um die Frühlingstagundnachtgleiche statt). Von diesem Fest darf sich niemand ausschließen. Könige und Völker, alle und jeder schicken ihre Gaben nach Upsala, und, was die grausamste Pein bedeutet, die man sich denken kann, diejenigen, die bereits das Christentum angenommen haben, kaufen sich von jenen Feierlichkeiten los. Das Opfer nun ist derart: Von jedem Lebewesen männlichen

Geschlechts werden neun Haupt dargebracht, durch deren Blut jene Götter versöhnt zu werden pflegen. Die Körper aber werden in einem Hain aufgehängt, der zunächst dem Tempel liegt. Denn dieser Hain ist den Heiden so heilig, daß sie glauben, jeder einzelne Baum darin werde durch den Tod oder die Verwesung der Geopferten geheiligt. Dort hängen auch Hunde und Pferde neben Menschen, und solche Körper, erzählte mir ein Christ, habe er zweiundsiebzig durcheinander aufgehängt gesehen. Übrigens sind die Zauberlieder, die bei der Begehung der heiligen Handlung gesungen zu werden pflegen, vielfältig und unanständig und werden daher besser verschwiegen.«
Adamus Bremensis (gest. 1085), Gesta Hammaburgensis ecclesiae pontificum, Buch IV, 27, Scholiast 141.

»Jeglichen Sommer [Sumur], so ihnen geschlachtet
Wird an geweihtem Orte,
Welche Krankheit überkommt die Menschenkinder,
Jeden nehmen sie aus Nöten.«
Sæmundar-Edda (um 1087), Fjöllsvinnzmál 39f.

»Nachdem Starkather dort sieben Jahre lang mit den Söhnen des Frö gefeiert hatte, begab er sich von ihnen weg zu Hako, einem Herrscher in Dänemark, weil er, wenn er zur Zeit der Opfer in Upsala blieb, die weibischen Körperbewegungen und den Bühnenlärm der Schauspieler hätte mit ansehen und das weichliche Klappern der Glocken hätte mit anhören müssen, was ihm ein Ekel war.«
Saxo Grammaticus (nach 1200), Gesta Danorum, Buch VI, 185.

»Im Frühling gegen Sommersanfang sollte zu Gaular [Norwegen] ein großes Opferfest stattfinden. Dort lag der berühmte Haupttempel. Dahin ströhmte eine große Menschenmenge zusammen aus Firdir, Fjalir und Sogn, und die meisten waren vornehme Leute ...

Þórir zog nun mit seinem Gefolge auf das Opferfest, und es gab da ein gewaltiges Menschengewimmel und große Trinkgelage ... Zuerst gab es einen Rundtrank, dann sollte das Horn immer zur Hälfte geleert werden. Und zwar tranken zusammen Eyvind und Þórvald, Álf und Þórfid ... Als es aber spät wurde, ward öfter unehrlich getrunken, und daraus entstanden Zänkereien, auch wurde übermütig geprahlt ... Aber die Männer da drinnen waren ohne Waffen, wegen der Heiligkeit des Festes ...«
Egils saga Skallagrímssonar (10.-12. Jh.), 49.

»So wurde nun dies als Gesetz verkündet, daß alle, die hierzulande [Island] noch ungetauft wären, Christen werden und die Taufe nehmen sollten; aber für die Kinderaussetzung und das Pferdefleischessen sollten noch die alten Gesetze gelten.«
Aris Íslendingabók (um 1130), Kap. 7.

»Im späten Frühjahr zog dann König Granmar nach Upsala zum Opfer, wie dies gegen den Sommer um des Friedens willen Brauch war.«
Heimskringla (nach 1230), Ynglinga saga 38.

»Im Sommer sammelten beide so viel Leute wie möglich für das Alþing, und am letzten Tag vor Johannis [also am 23. Juni, damals war das der Zeitpunkt der Sonnenwende, da der Jahrhundertschalttag noch fehlte] ritten die Männer zum Þing.«
Þórgils saga Hafliða (frühes 13. Jh), Kap. 22.

»Schließlich wurde beschlossen, daß ein Mittsommer-Opferfest in Mæren stattfinden solle. Dort sollten alle Häuptlinge und mächtigen Bauern erscheinen, wie das der Brauch war, und dorthin sollte auch König Ólaf kommen ... Als er aber nach Mæren kam, waren dort alle die Drontheimer Häuptlinge erschienen, die am meisten

dem Christenglauben widerstrebten, und diese hatten alle die mächtigen Bauern bei sich, die vordem die Opferfeste an dieser Stätte abgehalten hatten. Eine große Menschenmenge strömte da zusammen, ganz wie es vorher auf dem Frostaþing der Fall gewesen war. Da ließ der König das Þing ausrufen ... König Ólaf ging nun in den Tempel, und es begleiteten ihn nur wenige Männer und einige von den Bauern. Als aber der König dahin kam, wo die Götterbilder standen, da saß Þórr dort, der angesehenste von allen ihren Göttern, geschmückt mit Gold und Silber. König Ólaf erhob da den goldgeschmückten Stab, den er in der Hand hielt, und schlug auf das Þórrbildnis, so daß es von seinem Sitze fiel. Darauf liefen des Königs Mannen herzu, und schlugen alle Götter von ihren Sitzen herunter.«
Heimskringla (nach 1230), Ólafs saga Tryggvasonar Kap. 65-69.

»Nach dem Mittsommer erhielt Gunnlaug Urlaub.«
Gunnlaugs saga Ormstungu (10.-12. Jh.), 13.

»Der Gewaltige kam zum Þing der Götter,
Und hatte den Kessel, den Hymir besaß.
Daraus sollen trinken die seligen Götter
Äl in Aegirs Haus jede Leinernte [Hörmeitiðr].«
Sæmundar-Edda (um 1087), Hymisqviða 39.

»Der Herbst begann nun. Da meinten einige Männer, man müsse Þórr anrufen.«
Flóamanna saga (13. Jh.), Kap. 21.

»Mir ist erzählt, daß es auf Island Brauch sei, daß die Bauern im Herbst nach dem Ausmustern der Schafe ihren Hausgenossen ein Widder-Schlachten veranstalten müssen.«
Heimskringla (nach 1230), Saga Ólafs konungs hins helga Kap. 209.

»Einige Knechte waren nach Langseetal zum Einsammlungsplatz der Schafe gefahren [noch heute ein Volksfest auf Island].«
Bjarnar saga Hitdælakappa (10.-12. Jh.), Kap. 30.

»Am 59. Tage nach dem 1. August [Mondkalender!] halten sie den Tag der Göttin Cize [Zisa] mit ihren heidnischen Ritualen.«
Codex monac. Lat. 2 (1135).

»... Du berichtest, daß einige Leute wilde Pferde, mehr aber noch zahme Pferde essen. Das darfst du in Zukunft um keinen Preis mehr dulden.«
Papst Gregor III an Bonifatius (731-741).

»Im Herbst nahe dem Winter fand ein Blutopfer in Lade statt, und der König begab sich zu diesem ... Am nächsten Tage aber, als man zur Tafel ging, drangen die Bauern heftig in den König und verlangten, er solle das Roßfleisch essen. Das wollte der König aber durchaus nicht. Dann forderten sie ihn auf, die Brühe zu trinken. Aber auch das lehnte er ab. Endlich wollten sie, daß er von dem Roßfett äße, doch auch das wollte er nicht.«
Heimskringla (nach 1230), Hákonar saga góða 192.

»Einmal im Herbst waren in Gaular eine Menge Menschen zum Herbstopfer [haustblót] versammelt.«
Egils saga Skallagrímssonar (10.-12. Jh.), Kap. 2.

»Þórgrim erschlug Vestein Vesteinsson bei einem Herbstopferfest zu Habichtstal. Den Herbst darauf aber, als Þórgrim fünfundzwanzig Jahre alt war, wie sein Vater bei seinem Tode, erschlug ihn sein Schwager Gísli bei einem Herbstopferfest in Seefarm ...
Auch Þórbjörn der Starke besaß dort Gestüt, das er oben auf der Bergweide grasen ließ, und er wählte sich davon gewöhnlich ein

Abb. 12: Das Dreihügel-Hauptheiligtum von Alt-Upsala (Schweden).

Roß aus, um es auf dem Herbstopferfest zu schlachten. In diesem Herbst aber waren mit einem Male Þórbjörns Pferde nicht aufzufinden …
In diesem Herbst hatte Arnkel daheim ein großes Opferfest.«
Eyrbyggja saga (um 1350), Kap. 12, 18 u. 32.

»In Grímszunge fanden einst ein Herbstgelage und Ballspiele statt. Ingolf kam auch zum Spiel und viele Männer aus dem Tal mit ihm. Es war schönes Wetter, und die Frauen saßen um den Festplatz und sahen dem Spiele zu … Nun schloß man die Spiele, und die Männer, die nicht an dem Gelage teilnahmen, zogen heim.«
Hallfreðar saga (10.-12. Jh.), Kap. 2f.

»Die Þingstätte der Färinger war auf der Strominsel [Streimoj]. Dort, wo der Hafen liegt, den sie Þórshafen [Tórshavn] nennen. Hafgrim, der auf der Südinsel in Hof [Tempel] wohnte, war ein großer Opferer. Denn damals waren noch alle Färinger Heiden. Da geschah es in einem Herbste beim Bauer Hafgrim auf der Südinsel, daß Einar der Südinselmann und Eldgjarn Kammhut beim Opferfeuer saßen. Sie stellten Männervergleiche an.«
Færeyingasaga (10.-12. Jh.), Kap. 5.

»Þórmóðr und sein Sohn Eyjólfr hatten ein graues Roß mit starker Mähne. Sie pflegten Pferde zum Schlachten zu verkaufen.«
Reykdœla saga (10.-12. Jh.), Kap. 23.

»Ich heiße Skarphedin, und du hast keinen Grund, mich mit Hohnworten zu bedenken unverschuldetermaßen. Mir ist das nie begegnet, daß ich meinen Vater vergewaltigt und mich mit ihm geschlagen hätte, wie dus mit deinem Vater tatest… Es liegt dir auch näher, dir das Stück Mastdarm von der Mähre aus den Zähnen zu stochern, das du aßest, ehe du aufs Þing rittest, und es sah dein Hirte

und wunderte sich, daß du eine solche Ekelhaftigkeit begingst.«
Brennu-Njáls saga (10.-12. Jh.), Kap. 120.

»Und im Frühjahr nach Ostern, als du heimgekommen warst nach Borg, sagtest du, als mir dreißig auf Winterweide gehende Pferde gefallen waren, daß man die alle gegessen hätte.«
Bandamannasaga (10.-12. Jh.), Kap. 10.

»Ihm [dem König] wurde gesagt, das sei König Ólaf der Schwedische mit dem Schwedenheer. Der König sagte: „Leichter und erfreulicher wird es den Schweden vorkommen, daheim zu sitzen und ihre Opferkessel auszulecken, als heute gegen eure Waffen den ‚Ormen' [Wurm, ein Schiff] anzugreifen. Ich glaube wir brauchen die Schweden, diese Pferdefresser, nicht zu fürchten".«
Ólafs saga Tryggvasonar hin mesta (Ende 13. Jh.), Kap. 250.

»Svein, der Schwager des Königs, ... bot den Schweden an, die Opfer vor ihnen zu verrichten, wenn sie ihm das Königtum gäben. Dem stimmten sie alle zu. Da wurde Svein zum König angenommen über ganz Schweden, und es wurde ein Roß aufs Þing geführt und entzweigehauen und zum Essen verteilt, und mit dem Blute röteten sie die Opferbäume.«
Hervarar saga ok Heiðreks konungs (13. Jh.), Kap. 16.

»Ja, im Heidendom hebben tor Tid der Arne [Zeit der Ernte] de Meiers dem Afgade Woden umme god Korn angeropen, denn wenn de Roggenarne geendet, heft men up den lesten Platz eins idern Veldes einen kleinen Ord unde humpel Korns unafgemeiet stan laten, datsülve Baven an den Arn drevoldigen to samende geschörtet unde besprenget. Alle Meiers sin darumme her getreden, ere Höde vam Koppe genamen unde ere seisen na der sülven Wode unde Geschrenke dem Kornbusche upgerichtet, und hebben

den Wodendüvel dremal semplik Lud averall also angeropen unde gebeden: "Wode, hale dinem Rosse nu Voder, nu Distel unde Dorn, tom andern Jar beter Korn!" Welker afgödischer Gebruk im Pawestom gebleven. Daher denn ok noch an dissen Orden dar Heiden gewanet, bi etliken Ackerlüden solker averglövischer Gebruk in anropinge des Woden tor Tid der Arne gespöret werd, und ok oft desülve Helsche Jeger, sonderliken im Winter des Nachtes up dem Velde, mit sinen Jagethunden sik hören let.«
Nicolaum Gryse, Spegel des antichristischen Pawestdoms (Rostock 1593).

»In diesem Herbst erhielt König Ólaf [der Dicke] Nachrichten aus Inner-Drontheim, daß die Bauern dort vielbesuchte Gastmähler zu den Winternächten [vetrnóttablót, „Winteranfangsopferfest"] abhielten. Da waren große Trinkgelage. Dem König wurde gesagt, daß alle Minnebecher nach altem Brauch den Ásen geweiht wurden. Auch wurde dies hinzugefügt, daß man dort Rinder und Rosse schlachtete und die Altäre mit Blut rötete. Und beim Vollziehen des Opfers habe man den Spruch gesprochen, daß das zur Jahresbesserung [árs] dienen sollte. Endlich hieß es noch, alles Volk sei des Glaubens, es wäre deutlich zu sehen, daß die Götter in Wut geraten wären, weil die Helgeländer sich dem Christenglauben zugewandt hätten.«
Heimskringla (nach 1230), Saga Ólafs konungs hins helga Kap. 219.

»Da ereignete es sich, daß dem König Ólaf berichtet wurde, daß die Bauern um Wintersanfang große und starkbesuchte Gastmähler hielten. Da waren große Trinkgelage. Dem König wurde gesagt, daß da alle Minne dem Þórr geweiht werde und dem Óðinn, der Freyja und den Ásen, alles nach der heidnischen Sitte; dazu wurde auch weiter erzählt, daß da Rinder und Pferde geschlachtet und die Altäre mit dem Blute bestrichen würden, und daß der Opferdienst ganz offen abgehalten und dabei die Formel vorgesprochen werde,

Abb. 13: Heiligtum der Göttin Lioba in den Habichtsbergen (Brandenburg).

daß dies für die Besserung des Jahrgangs geschehen solle.«
Ólafs saga helga (um 1230), Kap. 102.

»Darauf verhandelten sie miteinander, und Glam sollte in den Winternächten kommen.«
Grettis saga Ásmundarsonar (13. Jh.), Kap. 32.

»Den nächsten Herbst bei Winters Anfang hielt Gode Snorri ein großes Fest ab und lud seine Freunde dazu ein. Da gab es ein Biergelage und es wurde viel getrunken. Auch manche Kurzweil fand statt bei dem Trunk, und man stellte Männervergleiche an, wer wohl der angesehenste Mann und der größte Häuptling im Bezirke sei.«
Eyrbyggja saga (10.-12. Jh.), Kap. 37.

»Nun verging der Sommer und Winteranfang kam heran. Es war damals allgemein Sitte, daß man den Winter um diese Zeit mit Gastmählern und dem „Winteranfangsopfer" [vetrnóttablót] feierte. Gísli unterließ die Opfer, seitdem er in Viborg in Dänemark gewesen war; aber er veranstaltete wie früher ganz großartige Gastmähler ... Þórgrim wollte zu Winteranfang ein Gastmahl geben, den Winter begrüßen und dem Freyr ein Opfer bringen ... Auch Gísli rüstete ein Gelage ... Auf beiden Höfen sollte ein großes Trinken stattfinden.«
Gísla saga Súrssonar (10.-12. Jh.), Kap. 10 und 15.

»König Eirik und Gunnhild kamen an demselben Abend nach Atley, und Bard hatte ein Festmahl für sie vorbereitet, und es sollte hier ein Dísenopfer [dísablót] sein und es gab da das beste Gastmahl und viel zu trinken drinnen in der Halle ... Dann trug man ihnen Bier zu trinken auf; oftmals wurde zur Erinnerung an Verstorbene getrunken, und bei jedem Erinnerungstrunk [minni] sollte das Horn geleert werden.«
Egils saga Skallagrímssonar (10.-12. Jh.), Kap. 44.

»Es wurde dort ein Schmaus gerüstet um Wintersanfang und ein Dísenopfer [dísablót] abgehalten, und alle sollten an der Opferfeier teilnehmen. Glúm blieb auf seinem Sitze und tat nicht mit. Und als der Abend vorrückte und die Männer sich zum Schmause gesetzt hatten, herrschte nicht so große Lustigkeit wie wohl zu erwarten war wegen der Bewirtung.«
Víga Glúms saga (10.-12. Jh.), Kap. 6.

»In einem Herbst wurde bei König Álf ein großes Dísenopfer durchgeführt, und Alfhild beteiligte sich daran. Sie war schöner als jede andere Frau, und das ganze Volk in Alfheim war schöner anzusehen als ein anderes Volk in jener Zeit. Und in einer Nacht, als

sie den Opferplatz rötete, entführte Starkað Aludrengr Álfhild und führte sie mit sich nach Hause.«
Hervarar saga ok Heiðreks konungs (13. Jh.), Handschrift U, Kap. 1.

»Þorgrim lud Finnbogi und Berg zum Feste; die sagten zu. Die Hochzeit sollte in den Winternächten bei Skidi gefeiert werden.«
Vatnsdœla saga (10.-12. Jh.), Kap. 32.

»Jetzt kam der dem Óðin geheiligte Minnebecher herein, und da schloß Sigurð die Harfe auf. Sie war so groß, daß ein Mann in ihr aufrecht stehen konnte, und war wie Gold anzusehen. Dann legte er weiße, goldgesäumte Handschuhe an und schlug da den Schlag, der „Faldafeykir" [Kopftemperament] heißt: Da flogen die Schleier von den Häuptern der Frauen und tanzten oben an den Querbalken hin, und die Frauen und alle Männer sprangen auf, und kein Ding konnte da in Ruhe bleiben. Zuletzt kam der der Freyja geheiligte Minnebecher, nachdem Óðins Minne getrunken war: Da griff Sigurð die Saite, die quer über alle die anderen Saiten gespannt war. Er hatte sie bis jetzt noch nie berührt, und bat den König, sich auf einen starken Schlag gefaßt zu machen. Da erfaßte es den König so, daß er aufsprang, und so auch Braut und Bräutigam, und die waren nun die wackersten Tänzer, und dieser Tanz dauerte lange Zeit.«
Bósa saga og Herrauðs (14. Jh.).

»Am Abend nach dem Nachtmahl sagte er [Sturla] zu seiner Frau Gudny, sie wollten einen Ringtanz machen; und es beteiligten sich daran sämtliche Hausleute und Gäste.«
Sturlu saga (Heiðarvíga saga) (um 1300), I, Kap. 9.

»Man bot ihm [Þórgils] die Wahl an, was er zur Unterhaltung haben wolle am Abend, Geschichten oder Tanz.«
Þórgils saga skarða (zwischen 1275 und 1280), 17.

Kapitel 9
Kultumzüge und Feldzeichen

»Die Reudigner alsdann, die Avionen, Angeln, Wariner, Eudosen, Suardonen und Nuitonen sind durch Flüsse und Wälder geschützt. Im einzelnen ist bei ihnen nichts Bemerkenswertes, außer, daß sie gemeinsam die Nerthus [Njörunn], d. h. die Mutter Erde verehren und glauben, sie befasse sich mit den Angelegenheiten der Menschen und komme zu den Völkern gefahren. Auf einer Insel des Weltmeeres ist ein heiliger Hain, in ihm soll ein geweihter Wagen stehen, der mit einem Tuch überdeckt ist. Nur dem Priester ist es erlaubt, ihn zu berühren. Er merkt es, wenn die Göttin im Heiligtum anwesend ist, und geleitet die auf einem mit Kühen bespannten Wagen Umherfahrende mit großer Ehrfurcht. Froh sind jetzt die Tage, voll Festesfreude die Orte, welche die Göttin ihrer Ankunft und ihres Besuches würdigt. Man zieht nicht in den Krieg, greift nicht zu den Waffen: Weggeschlossen ist alles Eisen. Nur Ruhe und Frieden ist jetzt bekannt, jetzt geliebt, bis derselbe Priester die Göttin, die des Verkehrs mit den Menschen müde ist, in das Heiligtum zurückbringt. Dann werden Fahrzeug und Hülle und, wenn man es glauben will, die Gottheit selbst in einem verborgenen See gewaschen. Dabei bedienen Sklaven, die sofort derselbe See verschlingt. Daher herrscht ein geheimes Grauen, ein heiliges Dunkel, was das für ein Wesen sei, das nur Todgeweihte schauen.«
Tacitus (nach 98), Germania, Kap. 40.

»Es wird nämlich berichtet, daß Leute, denen dies von [dem West-

gotenfürsten] Athanarich befohlen war, ein Götterbild, das auf einem Wagen stand, an den Zelten der Christen herumgeführt und sie aufgefordert hätten, dies anzubeten und ihm zu opfern.«
Sozomenos, Historia ecclesiastica (nach 439 vollendet), V, 37.

»Über das Bild, das man durch die Felder trägt.«
Indiculus superstitionum (von 743).

»Ing war zuerst mit Ost-Dänen gesehener Sprecher,
Als er seitdem östlich über Wege fortging; Wagen nach rollte;
Die Heardinge nannten den Helden.«
Angelsächsisches Runenlied zur Rune Ing (9. Jh.).

»Am Abend vor der Feier versammelte man sich an heiliger Kultstätte, hielt das Opfermahl, wozu jeder beisteuerte, unter Tanz und Gesang ab und zog am anderen Morgen vor Sonnenaufgang um die Saatfelder in langer Prozession, voran der Priester, in der Mitte die Götterbilder in weißer Umhüllung und am Schlusse die zum Opfer bestimmten Tiere. Unter den heiligen Eichbäumen oder am heiligen Quell machte der Zug halt, der Priester segnete die Feldfrüchte und flehte, gegen Sonnenaufgang das Antlitz gerichtet, die Götter um Schutz und Schirm vor Unwetter, Hagel und Mißwuchs, um Segen für Saat und Vieh an, Bei der Rückkehr wurde das Götterbild an den altheiligen Ort zurückgeführt, in den Tempel oder an heiligen Bäumen aufgehängt oder auf Baumstämmen aufgestellt, das gemeinschaftliche Opfer gebracht und das Opfermahl gehalten. Der Gottheit wurden Tiere geschlachtet, Brot, Eier, Pflanzen und Früchte des Feldes geopfert und Feuer angezündet. Unter dem Singen feierlicher, alter Weisen tanzte man jauchzend um den brennenden Holzstoß, steckte verglimmte Scheite des Opferfeuers gegen Hagel und Blitz in die Felder oder streute Asche darauf.«
Bericht der Äbtissin Marcsuith vom Kloster Schildesche bei Bielefeld (10. Jh.).

»Dort [in Schweden] fanden in jener Zeit große Opferfeste statt. Seit alters hatte man dort besonders dem Freyr geopfert, und dessen Bild war so verzaubert, daß der Teufel [gemeint: der Gott Freyr] es wagen konnte aus dem Götzenbilde zum Volke zu sprechen. Man hatte aber dem Freyr ein junges Weib von schönem Aussehen zum Dienste gegeben. Es war der Glaube bei dem Volke jenes Landes, daß Freyr noch lebe, wie das aus einigen Anzeichen hervorginge. Sie dachten, er müsse notwendig Verkehr mit seinem Weibe haben. Jene Jungfrau hatte mit Freyr zusammen die ganze Verwaltung des Tempels und des Tempeldienstes in der Hand ... Sie antwortete dem Gunnar: „Die Leute haben dich gern. Es ist wohl gut, du bleibst hier noch den Winter über und begleitest Freyr und mich zum Opferschmaus, wenn er auszieht, gute Jahre [árs] über das Volk heraufzuführen" ... Die Zeit verging nun, und dann brachen sie zu dem Zuge durch das Land auf. Freyr und sein Weib saßen auf einem Wagen, und die Tempeldiener schritten vor ihnen her [es kommt zum Kampf zwischen Gunnar und Freyr:] Der Teufel war aus dem Götzenbild entwichen, in dem er sich geborgen hatte, und es blieb nur noch ein nichtiger Baumklotz übrig ... Schließlich kamen sie zu dem Opfermahl, das für sie gerüstet war.«
Ömundar þáttr dytts ok Gunnars helmings (vor der Mitte des 13. Jh.).

»Gewisse Bilder und Feldzeichen, die sie [die Germanen] aus den heiligen Hainen holen, nehmen sie mit in den Kampf.«
Tacitus (nach 98), Germania, Kap. 7.

»Gleichzeitig wurden die Schiffe stromaufwärts geführt. Hier hatten den Mut der Belagerten die Feldzeichen der Veteranenkohorten gelähmt, dort die Nachbildungen wilder Tiere, die sie – wie es bei jedem Stamm zu Beginn eines Krieges Brauch ist – aus ihren Wäldern und Hainen hervorgeholt hatten.«
Tacitus (nach 96), Historien, IV, 22.

»[Arminius ruft zur Rache auf:] „Noch könnte man in den Hainen der Germanen die römischen Feldzeichen sehen, die er den heimischen Göttern zu Ehren dort aufgehängt habe".«
Tacitus (nach 96), Annalen, I, 59.

»Es war damals im Lager der Sachsen ein ergrauter Krieger ... Dieser ergriff das Feldzeichen, welches bei ihnen als heilig galt, mit der Figur eines Löwen und Drachen und darüber eines fliegenden Adlers geziert, um den Wert der Tapferkeit und Klugheit und ähnlicher Eigenschaften zu zeigen.«
Widukind von Corvey, Res gesta Saxoniae (um 965), I, 11.

»Dort erlangten die Christen nicht geringe Beute, darunter auch jene Fahne, die sie Reafan nennen. Man sagt nämlich, daß drei Schwestern des Hynguarius und Hubba, also die Töchter des Lobebrodus [Loðbrókar] jene Fahne gewebt hätten, und zwar während einer mittäglichen Stunde. Es wird nämlich erzählt, daß in jedem Kriege, in dem das Zeichen vorangetragen würde, in der Mitte der Fahne gleichsam ein lebendiger fliegender Rabe erschiene, wenn sie den Sieg davontragen sollten. Stünde ihnen aber eine Niederlage bevor, so hinge sie unbeweglich herab. Das hat sich oft erwiesen.«
Chron. Fani S. N. (ad anno 878).

»„Nimm hier dies Banner hin, das ich dir mit aller meiner Kunst verfertigt habe, und ich gewärtige, daß es denen den Sieg bringt, denen es vorangetragen wird, aber den Tod dem, der es trägt". Das Banner war mit großer Handfertigkeit und ausgezeichnetem Geschick gewirkt; es war in Gestalt eines Raben gemacht, und wenn der Wind in das Banner blies, so war es, als wenn der Rabe die Flügel spreitete.«
Orkneyinga jarla saga (Mitte 13. Jh.), 8.

Kapitel 10
Götter als Vorfahren

»In alten Liedern, der einzigen Art ihrer geschichtlichen Überlieferung, feiern die Germanen Tuisco [Tveggi, Wodan], einen erdentsprossenen Gott. Ihm schreiben sie einen Sohn Mannus [Heimdall] als Urvater und Gründer ihres Volkes zu, dem Mannus wiederum drei Söhne; nach deren Namen, heißt es, nennen sich die Stämme an der Meeresküste Ingävonen, die in der Mitte Herminonen und die übrigen Istävonen. Einige versichern – die Urzeit gibt ja für Vermutungen weiten Spielraum – jener Gott habe mehr Söhne gehabt und es gebe demnach mehr Volksnamen: Marser, Gambrivier, Sueben, Vandilier, und das seien die echten, alten Namen.«
Tacitus (nach 98), Germania Kap. 2.

»Der erste dieser Helden also war, wie sie selbst in ihren Sagen berichten, Gapt [Óðinn], der den Hulmul zeugte; Hulmul zeugte Augis, Augis aber den, der Amal heißt, von dem der Ursprung der Amaler herrührt.«
Jordanes, Getica (um 551), Buch XIV.

»So berühmt waren die Goten, daß man ehedem erzählte, Mars – den der Trug der Dichter den Kriegsgott nennt – sei bei ihnen geboren worden. Daher sagt Vergil: „Auch der Vater des Gradivus, der Herr der gotischen Lande". Diesen Mars haben die Goten immer mit einem grausamen Kultus verehrt – denn sein Opfer war der Tod der Kriegsgefangenen –, in der Meinung, daß der Lenker der Schlachten billigerweise durch Menschenblut versöhnt werden

müsse. Ihm wurden die Erstlinge der Beute gelobt, ihm wurden an Baumstämmen erbeutete Rüstungen aufgehängt; es war ihnen eine ganz besondere Verehrung für ihn angeboren, da es so schien, als ob sie die göttliche Verehrung ihrem Stammesvater erwiesen.«
Jordanes, Getica (um 551), Buch V, 41.

»Ihre [der Angeln] Führer sollen zwei Brüder gewesen sein, Hengist und Horsa ... Sie waren Söhne des Wictgilsus, des Sohnes von Witta, des Sohnes von Wecta, des Sohnes von Woden, von dem die Königsgeschlechter vieler Reiche ihren Ursprung ableiten.«
Beda, Historia ecclesiastica gentis Anglorum (um 730), Buch I, 15.

»Hengist und Horsa waren die Söhne des Wihtgils; Wihtgils war Wittas, Witta Wectas, Wecta Wodens Sohn. Von diesem Woden entsprang unser ganzes Königsgeschlecht und auch das der Südhumbrer.«
Angelsächsische Chroniken (9. - 12. Jh.).

»Ruhe gebiet' ich allen heiligen Kindern,
Mächtigen und Minderen, Nachkommen Heimdalls.«
Sæmundar-Edda (um 1087), Völuspá 1.

»Da schrie auf der Götterentstammte [= König Ermanarich],
Der Fürst der Brünne, als brüllte ein Bär.«
Sæmundar-Edda (um 1087), Hamðismál 25.

»Sie [Jörð, die Erde] gab allen Lebewesen Leben, und sie nahm sich alles, was starb. Aus diesem Grunde gaben sie ihr einen Namen und führten ihr Geschlecht auf sie zurück. Dies hörten sie auch von ihren Vorfahren, weil es danach viele Jahrhunderte erzählt wurde ... Und wo sie durch die Lande zogen, wurde Rühmliches von ihnen berichtet, so, daß sie eher als Götter denn als Menschen

Abb. 14: Der Bildstein von Lärbro Tängelgarda I mit Valhölldarstellung.

angesehen wurden. Sie unterbrachen ihre Fahrt nicht eher, als bis sie nordwärts in das Land kamen, das heute Saxland genannt wird. Dort blieb Óðinn lange Zeit und nahm das Land weit und breit in Besitz. Er setzte seine drei Söhne zum Schutz des Landes ein: Der eine hieß Vegdeg; er war ein mächtiger König und herrschte über Ost-Saxland. Sein Sohn war Viturgils, dessen Söhne waren Vitta, der Vater Heingests, und Sigarr, der Vater des Svebdeg, den wir Svipdag nennen. Der zweite Sohn Óðins hieß Beldeg, den wir Baldur nennen; er besaß das Land, das jetzt Vestfál [Westphalen, Land des Phol = Balder] heißt. Sein Sohn war Brandur, dessen Sohn Frjóðigar, der bei uns Fróða heißt. Ihm folgten Freóvin, Uvigg, Gevis, den wir Gave nennen. Der dritte Sohn Óðins wird Sigi genannt, sein Sohn Rerir. Ihre Nachfahren herrschten über das Land, das jetzt Frakland heißt. Von dort stammt das Geschlecht der Völsungen. Von ihnen allen stammen große und viele Sippen ab.
Danach setzte Óðinn seine Reise in den Norden fort und kam in das Land, das sie Reiðgotaland nannten. Er nahm dort alles in Besitz, was er wollte. Über dieses Land setzte er seinen Sohn namens Skjöldur, dessen Sohn war Friðleifur. Daher entstammt das Geschlecht der Skjöldungar. Das sind die dänischen Könige, und das Land, das damals Reiðgotaland genannt wurde, heißt heute Jótland [Jütland] … Danach zog er weiter nordwärts in das heutige Svíþjóð [Schweden] … Danach zog er noch weiter nach Norden, so weit, bis er an das Meer kam, von dem sie glaubten, es begrenze das ganze Land. Dort setzte er seinen Sohn über das Reich, das jetzt Nóregur [Norwegen] heißt. Er wird Sæmingr genannt, und die Nóregskönige führen ihr Geschlecht auf ihn zurück, ebenso die Jarle und andere mächtige Männer, wie es im Gedicht der Háleygjatali heißt. Aber Óðinn hatte einen weiteren Sohn bei sich, der Yngvi genannt wird. Der war nach ihm in Svíþjóð König, und von ihm stammt das Geschlecht der Ynglinge ab.«
Jüngere Edda, nachträglich angefügter Prolog (Formáli) (Mitte des 14. Jh.).

»Die Gotnar [Goten] heißen nach dem Namen des Königs Goti, nach dem auch Gotland benannt ist. Er selbst war so genannt nach Óðinn, und zwar ist sein Name von Óðins Namen Gautr abgeleitet; Gautland oder Gotland heißt nämlich auch nach diesem Óðinsnamen, wie Svíþjóð [Schweden] nach Sviður, was auch eine Bezeichnung Óðins ist.«
Jüngere Edda (vor 1220), Skáldskaparmál Kap. 65.

»Ein hoher Bergwall zieht sich von Nordosten nach Südwesten, der Großschweden [Weißrußland] von andern Reichen scheidet. Südlich des Gebirges ist es nicht weit bis zum Türkenlande [Kleinasien]. Dort hatte Óðinn große Besitzungen ... Da aber Óðinn zukunfts- und zauberkundig war, wußte er, daß seine Nachkommen im nördlichen Teil der Erde herrschen würden. Da setzte er seine Brüder Vé und Vili über Ásgarðr, und er zog fort mit allen Díar und vielem anderen Männervolk. Zuerst zog er westwärts nach Rußland [Ostrußland] und dann südwärts nach Sachsenland [Niedersachsen]. Er hatte viele Söhne. Er eroberte Reiche weithin im Sachsenland und setzte dort seine Söhne zum Schutz der Länder ein. Dann zog er nordwärts zur See und nahm seinen Wohnsitz auf einer Insel. Der Ort heißt jetzt Odense auf Fünen ... Als aber Óðinn hörte, daß im Osten bei Gylfi [Schweden] gute Gelegenheit zum Landerwerb sei, zog er dorthin ... Óðinn nahm seinen Wohnsitz am Mälarsee an der Stätte, die jetzt Alt-Sigtuna heißt ... Njörðr wohnte in Noatún und Freyr in Upsala ... Fjölnir, Yngvi-Freys Sohn, waltete nun über Schweden und dem Upsala-Reichtum. Er war ein mächtiger Mann, und unter ihm war im Lande Fruchtbarkeit und Friede.«
Heimskringla (nach 1230), Ynglinga saga Kap. 5 u. 11.

»Arnvid der Blinde antwortete: „Herr", sprach er, „einander sehr ungleich sind rotes Gold und Staub, aber noch mehr gesondert

sind König und Knecht. Du versprachst Ólaf dem Dicken deine Tochter Ingigerð, die ihrer ganzen Ahnenreihe nach vom Geschlecht der Uplandkönige stammt, dem edelsten in den Nordlanden, zumal dieses ganze Geschlecht von den Göttern selbst seine Herkunft ableitet. Aber jetzt hat König Ólaf zum Weibe Astrid bekommen, die, obwohl sie ein Königskind ist, doch nur eine Magd von dir gebar, und überdies noch eine Wendin. Wahrhaftig, eine weite Kluft ist zwischen diesen Königen, von denen einer so etwas mit Dank annimmt. Anzunehmen ist, daß einer, der nur Norweger ist, sich nicht dem Könige von Upsala gleichstellen kann. Danken wir alle dafür, daß es so bleiben wird, denn die Götter haben auf lange Zeit gut für ihr geliebtes Geschlecht gesorgt, wenn jetzt auch manche Leute sich nicht mehr um den alten Glauben kümmern".«
Heimskringla (nach 1230), II, 188f.

»Ein König hieß Sigrlami; man sagte, er wäre ein Sohn Óðins gewesen.«
Hervarar saga ok Heiðreks konungs (13. Jh.), Kap. 2.

»Hier wird erzählt von dem Manne, der Sigi genannt war, und es wird von ihm gesagt, daß er Óðins Sohn hieß.«
Völsunga saga (Mitte 13. Jh.), Kap. 1.

»Skjöld hieß ein Sohn des Ásenkönigs Óðinn. Er war der Vater Friðleifs, des Vaters Frieden-Fróðis, des Vaters Friðleifs.«
Flateyjarbók (zw. 1328 und 1387), I, 26.

Kapitel 11

Königsheil und -opfer

»Sie [die Sachsen bei einer Siegesfeier] erhoben den Führer preisend in den Himmel, indem sie ihm göttlichen Geist und überirdische Tapferkeit zuschrieben, da er durch seine Standhaftigkeit sie dahin gebracht habe, einen so großen Sieg zu erringen.«
Widukind von Corvey, Res gestae Saxoniae (um 965), I, 12.

»Óðinn selbst war in dem Krieger [Háraldr Gráfell], ihn lenkten die Götter.«
Glúmr Geirason, Gráfeldardrápa (um 974), Str. 12.

»Wer kann zweifeln, daß die Götter den Geschlechtsverringerer der Fürsten leiten?«
Einarr Helgason skálaglamm, Vellekla (zwischen 975 und 985 entstanden), Str. 32.

»Der Jarl Erich herrscht über das von den Göttern behütete Land.«
Eyjólfr dáðaskáld, Bandadrápa (um 1010), Str. 9.

»Die Finnen aber beschworen durch Zauberei in der Nacht ein böses Unwetter und einen Seesturm herauf. Der König [Ólaf der Dikke] ließ nun die Anker aufwinden und die Segel hissen, und segelten sie die Nacht hindurch am Lande entlang. So behielt diesmal wie öfter das Glück des Königs gegenüber der Zauberei der Finnen die Oberhand.«
Heimskringla (nach 1230), II, 12.

»Hjalti erwiederte: „Das ist nun einmal so mit dem Königsdienst! Solche Männer haben große Ehren und werden höher gewürdigt als andere Leute, aber oft kommen sie auch in Lebensgefahr, und sie müssen mit beidem zufrieden sein. Viel vermag eines Königs Glück".«
Heimskringla (nach 1230), II, 104.

»Hjalti ging nun vor den König [Ólaf den Heiligen, für den er eine Reise antreten sollte] und sagte: „Sehr not tut uns, König, daß du uns dein gutes Glück [hamingja] auf diese Fahrt mitgibst".«
Heimskringla (nach 1230), II, 106.

»Darauf machte sich Þórvaldr zur Fahrt bereit, und der König [Ólaf] hieß ihn so viel Männer mitnehmen, wie er wolle. Þórvaldr sagte: „Meinen Bankgenossen Sigurðr hab' ich als einen tüchtigen und zuverlässigen Mann erprobt. Ihn möcht ich zur Begleitung haben, doch keinen sonst. Denn Euer reiches Königsglück [gripta ok hamingja], Herr, wird uns mehr helfen als mehrere Mannen".«
Þórvalðs þáttr tasalda (13. Jh.), Kap. 1.

»Der König sagte: „Ich sehe es, Ingimund, du wirst nicht selbst wieder nach Norwegen reisen wollen ... Wir können uns hier einige Schiffe ansehen; wähle davon, welches du willst". Ingimund sprach: „Wählt ihr, Herr, für mich; das wird der Wahl das kräftigste Glück [gipta] bringen".«
Vatnsdœla saga (zwischen 1260 und 1280 entstanden), Kap. 16.

»Bei ihnen [den Burgundern] heißt der König mit dem Gattungsnamen Hendinos; nach altem Herkommen muß er seine Macht ablegen und wird abgesetzt, wenn unter ihm das Kriegsglück ins Wanken gerät oder der Boden eine fruchtbare Ernte versagt.«
Ammianus Marcellinus, Libri rerum gestarum (um 394 vollendet), 28, 5,14.

»Kveldulf sagte: „Es ist nicht viel anders gekommen, als wie ich dir sagte, als du zu König Haralds Gefolgschaft zogst: Es würde mit dir so enden, daß es weder dir noch uns, deinen Verwandten, Glück bringen würde ... Obwohl du sehr mutig und in jeder Hinsicht tüchtig bist, so hast du doch das Glück [gaefa] nicht dazu, dich mit König Hárald messen zu können, was keinem andern hier im Lande gelungen ist".«
Egils saga Skallagrímssonar (um 1230), Kap. 19.

»Falgeir ... hieb sogleich auf Þórmóðr. Der Hieb traf ihn zwischen die Schultern, und da gab es eine gewaltige Wunde ... Þórmóðr merkte, es stünde schlimm um ihn. Denn er war ohne Waffe und schwer verwundet. Da gingen Þórmóðs Gedanken zu König Ólaf, und er erhoffte sich Hilfe von dessen Schutzgeist. Da entfiel die Axt plötzlich in Falgeirs Hand.«
Fóstbrœðra saga (13. Jh.), Kap. 24.

»Den neuen Bauern, den neuen Gästen,
Hathuwolf [der Fürst] gab „gutes Jahr" [Begriffsrune]«
Runenstein von Stentoften, Blekinge, Schweden (um 620).

»[Nach der Wiederherstellung der Heiligtümer durch Jarl Hakon:] Die gnädigen Volksgötter kehren sich zu den Opfern. Dem mächtigen Krieger frommt das. Nun trägt die Erde wieder Frucht wie zuvor. Der gabenmilde Mann läßt die Krieger wieder froh bevölkern die Heiligtümer der Götter [vé hapta].«
Einarr Helgason skálaglamm, Vellekla (zwischen 975 und 985), Str. 16.

»Im ersten Winter, als [Jarl] Hákon über das Land [Norwegen] herrschte, da kam der Hering überall an die Küste, und den Herbst vorher war alles Korn wohlgeraten, wo es gesät war.«
Heimskringla (nach 1230), I, 281.

»Der König [Hákon der Gute von Norwegen] hatte die Kult-Heiligtümer wohl gehütet.«
Eyvindr skáldaspillir, Hákonarmál (um 960), 18.

»Solange Jarl Hákon über Norwegen herrschte, da gab es im Lande gute Erntejahre und guten Frieden zwischen den Bauern. Deswegen war der Jarl den größten Teil seines Lebens bei den Bauern sehr beliebt.«
Heimskringla (nach 1230), I, 343.

»Þorri war ein berühmter König. Er herrschte über Gotland, Könland und Finnland. Ihm opferten die Könen dazu, daß es schneien möchte und Schneeschuhbahn gäbe. Es ist ihre Gewohnheit, daß zu Mittwinter ein Opfer stattfinden solle. Und von da an wurde der Monat Þorrismonat genannt.«
Flateyjarbók (zwischen 1329 und 1387), I, 21.

»Während der Herrschaft der Gunnhildssöhne gab es dort [in Norwegen] große Hungerjahre, und diese wurden schlimmer, je länger jene im Lande herrschten; aber die Bauern schoben das auf die Könige, auch deswegen, weil sie so geldgierig waren und die Bauern hart bedrückt wurden.«
Heimskringla (nach 1230), I, 252.

»Domaldi übernahm die Erbschaft seines Vaters Visbur und herrschte über das Reich. Zu seiner Zeit war in Schweden eine große Hungersnot. Da brachten die Schweden große Opfer in Upsala. Im ersten Herbst opferten sie Ochsen, aber der Ertrag des Jahres besserte sich nicht. Im zweiten Herbst brachten sie Menschenopfer, doch der Ertrag des Jahres war wieder der gleiche oder noch schlechter. Aber im dritten Herbst kamen die Schweden in großer Menge nach Upsala, wo die Blóts [Opfer] stattfinden soll-

ten. Da hatten die Häuptlinge eine Beratung untereinander, und sie waren darin einig, daß an diesem bösen Jahr ihr König Domaldi die Schuld trüge. Sie meinten alle, man müsse ihn opfern, um ein gutes Jahr zu erlangen; man solle ihn ergreifen und töten und den Opferaltar mit seinem Blut röten. Und dies taten sie auch.«
Heimskringla (nach 1230), Ynglinga saga Kap. 15.

»Als, auf gute Ernte bedacht, das Volk der Schweden den Feind der Jüten [ihren König Domaldi] opferte.«
Þjóðólfr ór Hvini, Ynglingatal (9. Jh.), 5.

»Es gab daselbst [in Vermland, Schweden] ein böses Mißjahr und Hungersnot. Das schoben sie auf ihren König, wie denn die Schweden gute und schlechte Jahre ihren Königen zur Last zu legen pflegten. König Ólaf Tretelgja war kein eifriger Opferer. Das mißfiel den Schweden, und sie glaubten, daher rühre das Mißjahr. Da sammelten die Schweden ein Heer, unternahmen einen Zug gegen König Ólaf, umringten sein Haus und verbrannten ihn darin und gaben ihn Óðinn, indem sie ihn dem Gotte für ein fruchtbares Jahr opferten.«
Heimskringla (nach 1230), Ynglinga saga Kap. 43.

»König Víkarr segelte von Agðir nordwärts nach Hörðaland und hatte großes Volk bei sich. Er lag lange vor einigen Holmen und hatte starken Widerwind. Sie warfen da den Spahn um guten Fahrwind und er fiel so, daß Óðin aus dem Heere einen Mann haben wollte nach dem Losfalle, und daß man diesen hängen sollte, und das Los traf König Víkarr. Hierauf wurden alle still, und sie beschlossen, daß die Ratmänner am nächsten Tage wegen dieser schlimmen Geschichte sich besprechen sollten. Um Mitternacht weckte Hrosshársgrani den Starkaðr, seinen Ziehsohn und verlangte von ihm, daß er ihn begleite. Sie nahmen ein kleines Boot, und ruderten zu einem Eilande zwischen den Holmen. Sie gingen an das Land und in einen Wald, und fanden da in dem Walde ein Gereute und darauf eine große Anzahl Leute, und es war da eine Versammlung anberaumt. Elf Männer saßen da auf Stühlen, aber der zwölfte war leer; da ging Hrosshársgrani hin und setzte sich auf den zwölften Stuhl, und alle begrüßten ihn als Óðin. Er sagte da, daß sie als Richter das Geschick Starkaðs bestimmen sollten. Da nahm Þór das Wort und sagte: „Alfhild, die Mutter von Starkaðs Vater, wählte zum Vater ihres Sohnes lieber den sehr weisen Jötun, als den Ásaþór, und so schaffe ich dem Starkað, daß er weder Sohn noch Tochter haben, und daß er sein Geschlecht beschließen soll". Óðin erwiderte: „Ich schaffe ihm, daß er drei Mannesalter leben soll". Þór sagte: „Er soll in jedem Mannesalter eine Schandtat verüben". Óðin erwiderte: „Er soll die besten Waffen und Kleider haben". Þór sagte: „Das schaffe ich ihm, daß er niemals Land noch Bauland haben soll". Óðin erwiderte: „Das geb ich ihm, daß er Überfluß an fahrender Habe haben soll". Þór sagte: „Das lege ich auf ihn, daß er niemals genug zu haben wähnen soll". Óðin erwiderte: „Ich gebe ihm Sieg und Tapferkeit in jedem Kampfe". Þór sagte: „Ich lege auf ihn, daß er in jedem Kampfe eine Leibwunde davon tragen soll". Óðin erwiderte: „Ich gebe ihm Skáldschaft, daß er nicht langsamer zum Worte als zum Werke sein soll". Þór sagte: „Er soll sich keiner Tat erinnern". Óðin erwiderte: „Er soll den angesehensten und den besten Männern als der Höchste gelten". Þór sagte: „Allem niederen Volke soll er verhaßt sein". Da urteilten die Richter, daß dem Starkaðr alles das werden solle, was gesagt worden sei, und die Versammlung trennte sich. Hrosshársgrani aber und Starkaðr gingen zu ihrem Boote. Da sagte Hrosshársgrani zu Starkaðr: „Wirst du mir, Pflegesohn, nun auch wohl lohnen die Hilfe, die ich dir geleistet habe?" „Wohl!" sagte Starkaðr. „Da sollst du nun den König Víkarr mir senden, sagte der Alte, aber ich werde selbst die Mittel dazu in deine Hand legen", und er gab ihm einen

Ger und sagte, daß er allen ein Rohrschoß zu sein scheinen werde. Sie fuhren nun zu dem Volke zurück, und der Tag begann anzubrechen. Am Morgen nun traten die Ratgebenden des Königs wieder zusammen und sie wurden einig, daß sie das Opfer in Erinnerung bringen wollten, und Starkaðr teilte ihnen mit, wie er es anstellen wolle. Nahe da bei ihnen stand eine Föhre und daneben ein hoher Stock, von der Föhre aber hing ein dünner Ast nieder. Nun bereiteten die Diener den Männern die Mahlzeit, und es ward dazu ein Kalb geschlachtet und ausgeweidet. Starkaðr nahm da die Därme, stieg auf den Stock und umwickelte den dünnen Ast mit denselben. Darauf ging er und sagte dem Könige: „Nun ist der Galgen für dich hier bereitet, und er wird dir nicht sehr gefährlich scheinen. Komm nun, ich will die Schnüre dir um den Hals legen". Als der König die Zurüstung sah, sagte er: „Möge diese Zurüstung nicht gefährlicher sein, als sie mir zu sein scheint! Doch glaube ich, daß mir das nicht schaden werde; ist es aber anders, so mag das Glück walten, was auch unternommen wird". Hierauf stieg er auf den Stock, Starkaðr schlang ihm den Strick um den Hals, sprang dann vom Stocke herab und stach mit dem Rohrsprosse nach dem Könige, indem er sagte: „Nun gebe ich dich dem Óðinn!" Zugleich ließ er den Föhrenast los: Da ward der Rohrsproß zu einem Geere und ragte von dem Könige, der Stock fiel unter seinen Füßen um, aber der Zweig, der durch die Därme zu einem starken Seile geworden war, schnellte in die Höhe und hub den König bis an die Äste empor. So starb der König und die Holme heißen seitdem Víkarsholme.«
Gautreks saga konungs (13. Jh.).

»Als sie [König Wikarus' Gefolge] nun an einem gewissen Orte von wilden Stürmen lange gepeinigt wurden, indem die Winde die Fahrt so unmöglich machten, daß sie den größten Teil des Jahres still liegen mußten, so meinten sie, die Götter durch Menschenblut gün-

stig stimmen zu müssen. Zu dem Zwecke warfen sie die Lose in den Topf, und es traf sich, daß das Opfer des Todes des Königs verlangt wurde. Da machte Starkather einen Strick aus Weidenruten und hängte darin den König auf: Er sollte nur eine kurze Zeit den Schein der Strafe gewähren. Aber der starre Knoten verfolgte sein Recht und nahm dem Hängenden den letzten Atem. Als er noch zuckte, entriß ihm Starkather mit dem Schwerte den Rest von Leben, und während er ihm hätte beispringen müssen, offenbarte er seine Treulosigkeit. Denn ich denke, es ist die Ansicht nicht in Betracht zu ziehen, daß die weichen Ruten plötzlich zu einem festen Knoten verschlungen wie eine eiserne Schlange gewirkt hätten.«
Saxo Grammaticus, Gesta Danorum (gegen 1200), Buch VI, 184.

»Haduwolf setzte drei Stäbe fehu, fehu, fehu. [Reichtum] [„hAþuwolAfA sAte stAbA þria fff"].«
Runenstein von Gummarp, Blekinge, Schweden (um 600).

Kapitel 12

Helden- und Ahnenverehrung

»Diese [die Stammespriesterin Veleda], eine Jungfrau aus dem Stamme der Brukterer, besaß eine ausgebreitete Herrschaft nach althergebrachter Sitte der Germanen, wonach viele Frauen für Prophetinnen und, bei steigendem Aberglauben, für Göttinnen gehalten wurden. Und das Ansehen Veledas wurde damals immer größer, denn sie hatte den Germanen Glück und die Vernichtung der [römischen] Legionen vorhergesagt.«
Tacitus (nach 96), Historien IV, 61.

»Als man die Tencterer so besänftigt hatte, schickte man Gesandte mit Geschenken an Civilis und Veleda ab, und sie setzten alles durch, wie es die Agrippinenser wollten. Nur persönlich Veleda zu nahen und sie anzureden, wurde ihnen abgeschlagen. Man hielt sie fern von ihrem Anblick, damit ihre Ehrfurcht noch größer würde. Sie selbst befand sich auf einem hohen Turme; ein aus ihren Verwandten Auserkorener überbrachte wie eine Mittelsperson Frage und Antwort der Gottheit.«
Tacitus (nach 96), Historien IV, 65.

»Unter dem Divus Vespasianus haben wir Veleda gesehen, die lange bei den meisten für eine Gottheit galt; aber auch vor Zeiten haben sie Albrinia und noch mehrere andere verehrt, nicht aus Schmeichelei und nicht als wollten sie Göttinnen aus ihnen machen.«
Tacitus (nach 98), Germania Kap. 8.

»Ihrem König Tanausis aber erwiesen die Goten nach seinem Tode göttliche Ehren.«
Jordanis, Getica (um 551), VI, 48.

»Aber jetzt zeigten sich auch die Goten nicht lässig; sie griffen zu den Waffen und besiegten beim ersten Zusammenstoß die Römer; Fuskus wurde getötet, und die Schätze im Lager der Soldaten wurden geplündert; weit und breit siegten sie und nannten ihre Edelen, deren Glück sie ihren Sieg verdankten, nicht mehr einfache Menschen, sondern Ansen, das heißt Halbgötter«
Jordanis, Getica (um 551), XIII, 78.

»Es ereignete sich damals, daß ein Mann nach Byrca [Birka in Schweden] kam und erzählte, er habe einer Versammlung der Götter, die man für die Besitzer des Landes hielt, beigewohnt und sei von denselben abgesandt, um dem Könige und dem Volke folgendes anzuzeigen: „Ihr habt euch lange unserer Gunst erfreut; ihr habt lange Zeit unter unserem Schutze das Land eurer Väter, eure Heimat, in Glück, Frieden und Überfluß innegehabt, habt uns auch nach Gebühr Gelübde und Opfer dargebracht, und euer Dienst war uns lieb. Jetzt aber lasset ihr die gewohnten Opfer eingehen, bringt freiwillige Gelübde nur lässig dar und führt – was uns sehr mißfällt – einen fremden Gott neben uns ein. Wollet ihr also unsre Gunst wieder erlangen, so vermehret die unterlassenen Opfer, bringet größere Gelübde dar, lasset auch nicht den Dienst eines anderen Gottes, dessen Lehre der unsrigen entgegengesetzt ist, bei euch zu und zollet ihm keine Verehrung. Verlangt ihr aber mehr Götter zu haben und sind wir euch nicht genug, so nehmen wir hiermit nach einstimmigen Beschlusse euren einstigen König Erich in unsere Gemeinschaft auf, so daß er fortan einer der Götter ist". Diese öffentlich kundgemachte Erklärung des Teufels [gemeint: Götter] hielt bei der Ankunft des Herrn Bischofs alle Gemüter in

Abb. 15: Bildstein von Tjängvide mit Totenschiff und Valhölldarstellung.

Verwirrung, und ungeheurer Irrwahn und Bestürzung verwirrten die Herzen der Menschen. Denn auch einen Tempel errichteten sie dem obengenannten König Erich, der unlängst gestorben war, und begannen ihm als einem Gotte Opfer und Gelübde darzubringen.«
Rimbert, Vita Anscarii (870), Kap. 26.

»Sie [die Schweden] verehren auch zu Göttern erhobene Menschen, denen sie wegen gewaltiger Taten Unsterblichkeit verleihen.«
Adamus Bremensis (gest. 1085), Gesta Hammaburgensis ecclesiae pontificum, Buch IV, 26.

»Es ist überliefert, daß jener König Hölgi, nach welchem Halogaland [Helgeland, Norwegen] heißt, der Vater der Þórgerð Hölgabrúð war. Ihnen beiden wurden Opfer dargebracht, und der Grabhügel Hölgis wurde aus abwechselnden Schichten von Gold oder Silber – das war das Opfergeld – und von Erde und Steinen hergestellt.«
Jüngere Edda (vor 1220), Skáldskaparmál Kap. 44.

»Grím Kamban wurde nach seinem Tode wegen seiner Beliebtheit gläubige Verehrung dargebracht [var blótinn].«
Landnámabók (zw. 1275 und 1280 zusammengestellt), 19.

»Þórólf Butter war der Sohn von Þorstein Skrofi Grímsson, dem nach seinem Tode wegen seiner Beliebtheit geopfert wurde.«
Landnámabók (zw. 1275 und 1280 zusammengestellt), 47.

»Gudmund hieß ein König in Jötunheimur. Er war ein eifriger Opferer. Sein Hof hieß Grund und der Herrschaftsbereich Glæsisvellir. Er war weise und mächtig ... Nach Gudmunds Tode opferten ihm die Leute und nannten ihn ihren Gott.«
Hervarar saga ok Heiðreks konungs (13. Jh.), Kap. 1.

»[König Ólaf Geirstada-Álf sagte:] „Ehe die Seuche nachläßt, werde ich in den Hügel gebracht werden nach meinem Tode. Dabei warne ich alle, daß sie sich nicht unterfangen wie manche Menschen zu tun, die den Verstorbenen opfern, auf die sie bei Lebzeiten ihr Vertrauen gesetzt hatten" ... Da [nach seinem Tode] wurde beschlossen, daß sie König Ólaf um fruchtbares Jahr opferten und ihn Geirstada-Álf nannten.«
Flateyjarboók (zwischen 1328 und 1387), II, 7.

»Über den Religionsfrevel an den Gräbern der Verstorbenen. Über die Sakrilegien [religiöse Vergehen] für die Verstorbenen, genannt dadsidas [= Totenlieder].«
Indiculus superstitionum (von 743), 1 und 2.

»Was die kirchenschänderischen Priester betrifft, die, wie du schreibst, den Heidengöttern Stiere und Böcke opfern und Opfermahle für die Toten halten (...).«
Papst Zacharias, Brief an Bonifatius (von 748).

»Erzieht das euch von Gott anvertraute Volk durch fromme Ermahnungen und haltet es von den Totenopfern durchaus ab.«
Papst Gregor III (731-741 Papst), Epistel an die Bischöfe Bayerns und Alemanniens, 738.

»Wir verfügen, daß nach den Satzungen jeder Bischof in seiner Parochie ... dafür Sorge trage, daß das Volk Gottes nichts Heidnisches treibe, sondern allen Unflat des Heidentums abwerfe und verabscheue, seien es Totenopfer oder Losdeutereien, Orakel oder Amulette, Vordeutungen oder Beschwörungen oder Schlachtopfer, wie sie törichte Menschen nach heidnischem Brauche bei Kirchen vornehmen oder auch solche gotteslästerlichen Feuer, die sie Niedfeor [Notfeuer] nennen, wie sie überhaupt ihnen alle heidnischen Ge-

bräuche, welche es auch seien, sorgsam untersagen sollen.«
Concilium germanicum (von 742), Kap. 5.

»Dies sind die Hauptsünden: Der Religionsfrevel, der Verehrung der Götterbilder heißt. Alle Opfer aber und Zeichendeutungen der Heiden sind Religionsfrevel, wie die Opfer bei den Leichnamen Verstorbener oder über ihren Gräbern oder Weissagungen oder Amulette oder Opfer, die sie auf Steinen, an Quellen oder Bäumen darbringen.«
Pseudo-Bonifatius (um 800), Sermo VI, 1.

»Keiner der Priester soll es wagen, sich zum jährlich wiederkehrenden oder am 33. oder 7. Todestage eines Verstorbenen oder aus welchem Anlaß immer die Priester zu einem Konvent zusammenkommen, zu betrinken.«
Erzbischof Hincmar von Rheims (Mitte 9. Jh.), cap. Synod. 14.

»Þrand hatte ein großes Feuer in der Wärmstube anfachen lassen und ließ nun vier Holzgitter in einem Viereck zusammenstellen. Er steckte neun Felder an jeder Seite des Vierecks ab. Er selbst aber setzte sich auf einen Stuhl zwischen Feuer und Gitterwerk. Er bat jetzt nicht mit ihm zu sprechen, und sie taten nach seinem Gebot. Þrand saß jetzt eine ganze Weile dort. Dann kam ern Mann in die Wärmstube ... es folgen noch zwei andere . Dieser Mann war groß und sehr blutig. Er trug sein Haupt in der Hand. Alle erkannten ihn: Es war Brestirs Sohn Sigmund. Er blieb eine Weile auf dem Estrich stehen und ging dann hinaus. Und nun stand Þrand vom Stuhle auf, stönte furchtbar und sagte: „Jetzt könnt ihr sehen, wie jene Männer umkamen".«
Færeyingasaga (Anf. 13. Jh.), Kap. 38.

Kapitel 13

Glaube der Vorfahren

»Wie der Himmel den Göttern, so sei die Erde dem Menschengeschlecht gegeben, und alles Land, das herrenlos sei, könne jedermann in Besitz nehmen (so sagte Boiocalus, der Führer der von den Chauken vertriebenen Ampsivarier). Dann blickte er zur Sonne empor, rief sie und die übrigen Gestirne an und fragte, als ob sie persönlich zugegen wären, ob sie auf ein menschenleeres Land niederschauen wollten: sie sollten doch lieber das Meer darüber hinfluten lassen, um diesen Räubern von Grund und Boden das Handwerk zu legen.«
Tacitus (nach 96), Annalen XIII, 55.

»Nach einigen Tagen kam dann der König [Ethelbrecht von Kent] auf die Insel, schlug seinen Sitz unter freiem Himmel auf und entbot Augustinus und seine Genossen zu einer Unterredung ...
Als sie dann auf Geheiß des Königs sich niederließen und ihm samt allen Begleitern das Wort des Lebens verkündeten, antwortete jener und sprach: „Schön sind freilich die Worte und Versprechungen, die ihr bringt; aber weil sie neu sind und ohne Gewähr, so kann ich nicht ohne weiteres ihnen beipflichten und alles das aufgeben, was ich mit dem ganzen Angelnvolke so lange Zeit heilig gehalten habe".«
Beda, Historia ecclesiastica gentis Anglorum (um 730), I, 25.

»Der Herzog [der Friesen] Radbod selbst war schließlich geneigt, die Taufe zu empfangen. Er zögerte aber immer noch und verlang-

te von dem Bischof, er solle ihm unter seinem Eide sagen, wo die verstorbenen Häuptlinge und Könige des Friesenstammes weilten: in jenem himmlischen Reiche, das er selbst erlangen solle, wenn er glaube und getauft werde, oder in der höllischen Verdammnis, von welcher der Bischof spreche. Darauf erwiderte der Mann Gottes: „Täusche dich nicht, edler Fürst. Bei Gott ist die Schar seiner Erwählten. Aber deine Vorgänger, die Friesenfürsten, die, ohne das Sakrament der Taufe empfangen zu haben, gestorben sind, haben unbedingt das Urteil der Verdammnis zu empfangen..." Als dies der ungläubige Herzog hörte, der schon zum Taufbecken geschritten war, zog er den Fuß von dem gnadenbringenden Quell zurück und sagte, er könne nicht die Gemeinschaft mit allen missen, die vor ihm über die Friesen geherrscht hätten, und wolle nicht mit einer kleinen Zahl von Armen im Himmelreich sitzen. Deshalb könne er der neuen Lehre keinen Glauben schenken und wolle lieber bei dem bleiben, was er so lange mit dem ganzen Stamme der Friesen festgehalten habe.«
Vita Wulframi (um 800, Wulfram lebte von 632 od. 656 bis ca. 704), 9.

»[Die Þrondheimer Bauern zu König Ólaf Tryggvason]: Es ist unser aller Wille, daß du, König, opferst wie die andern Könige hierzulande vor dir getan haben und ebenso die andern Häuptlinge der Þrondheimer.«
Oddr Snorrasons Ólafs saga Tryggvasonar (um 1200), Kap. 166.

»[Die norwegischen Bauern zu König Hákon]: „Jetzt wissen wir nicht, ob wir unsere Freiheit wirklich erhalten haben oder ob du uns erneut knechten willst mit dem wunderlichen Ansinnen, daß wir den Glauben aufgeben sollen, den vor uns unsere Väter gehabt haben und alle unsere Vorväter, zuerst im Brandzeit- und jetzt noch im Hügelzeitalter. Weit ansehnlicher waren jene denn wir, und dieser Glaube hat uns doch bis heute geholfen." Die Bauern

Abb. 16: Der Speergott (Wodan). Felsbild von Litsleby, Schweden, Bronzezeit.

erklärten [auf dem Frostaþing], sie wollten, daß der König [Hákon der Gute, der sie zum Christentum bekehren wollte] für sie für gutes Jahr Ernte und Frieden [til árs ok friðar] opferte, wie sein Vater getan habe.«
Heimskringla (nach 1230), I, 189 und 191.

»Als sie aber alle beisamen waren, trug der König [Ólaf Tryggvason] gleich sein Anliegen vor und gebot, daß man sich nach seinem Gebot taufen lasse. Da sprach Ölmod der Alte: „Wir Gesippen haben uns über diese unsere Sache beredet, und wir sind alle einer Meinung darin: Wenn du denkst, König, uns Verwandte durch brutale Nötigung dazu zu bringen, daß du unsere Gesetze brichst, und wenn du uns durch Zwang dir gefügig machen willst, dann werden wir dir mit aller Macht Widerstand leisten".«
Heimskringla (nach 1230), I. 366.

»Da war es gekommen, daß in den Küstensiedlungen [Norwegens] die Leute weit und breit getauft waren, das Christengesetz aber den Leuten unbekannt war; in den Bergtälern droben und den Oberlanden aber da war weit herum alles völlig heidnisch; denn sobald das Volk seinem eigenen Willen folgen durfte, da festigte sich ihnen zumeist das im Gedächtnis bezüglich des Glaubens, was sie in ihrer Jugend gelernt hatten.«
Heimskringla (nach 1230), II. 87.

»Das war, nachdem die Isländer ihr Gesetz geändert und das Christentum eingeführt hatten.«
Heimskringla (nach 1230), II, 272.

»[Der Gesetzessprecher Þórgeir auf dem isländischen Alþing des Jahres 1000]: „Und so dünkt es mich richtig, nicht denen den Willen zu lassen, die sich hier am feindlichsten gegenübertreten, son-

dern so zwischen ihnen zu vermitteln, daß beide Teile gewissermaßen ihren Willen bekommen, wir alle aber einen Glauben [Sitte] und ein Gesetz behalten; denn das wird sich bewahrheiten: Wenn wir das Gesetz [gemeint ist die Rechtsgemeinschaft] zerreißen, zerreißen wir den Frieden." Þórgeir schloß seine Rede so, daß beide Teile einwilligten, daß das Gesetz gelten solle, daß er vortragen wolle. Also war nun Þórgeirs Vortrag: Alle Leute auf Island sollten getauft werden und an einen Gott glauben. Aber wegen der Kindesaussetzung und des Pferdefleischessens sollten die alten Gesetze beibehalten werden. Opfern sollte man heimlich, wenn man wollte; doch sollte Lebensringzaun darauf stehen, wenn Zeugen beigebracht würden. Diese heidnischen Bräuche wurden nach einigen Jahren abgelegt.«
Kristni saga (Mitte 13. Jh.), Kap. 12.

»Ingi war dort [in Schweden] lange König, er war leutselig und ein guter Christ. Er schaffte die Opfer in Schweden ab und forderte alles Volk dort auf, Christen zu werden, aber die Schweden hatten einen allzu starken Glauben an die heidnischen Götter und hielten an den alten Sitten fest ... Die Schweden fanden, daß König Ingi die alten Landgesetze ihnen gegenüber brach, da er an vielen Sachen rüttelte, die sein Vater Steinkel unangetastet gelassen hatte. Auf einem Þing, das die Schweden mit König Ingi hielten, stellten sie ihm die Wahl zwischen zwei Dingen: ob er lieber die alten Gesetze aufrechterhalten oder auf sein Königtum verzichten wolle. Da antwortete König Ingi und sagte, nie würde er den Glauben aufgeben, der der rechte wäre. Da erhoben die Schweden ein Geschrei und drangen mit Steinen auf ihn ein und trieben ihn vom Gesetzesþing«
Hervarar saga ok Heiðreks konungs (13. Jh.), Kap. 16.

»Und als König Ólaf gerüstet war, segelten sie nach den Orkneys. Dort herrschte aber der Jarl Sigurð Löðvesson, der in vielen

Stücken ausgezeichnet war, mächtig und beliebt. König Ólaf verkündete ihnen den rechten Glauben und bat ihn mit vielen schönen Worten und mit großem Fleiße sowohl früh als spät ... Der Jarl sprach dem stark entgegen und meinte, er könne seinen und seiner Verwandtschaft Glauben nicht aufgeben: Ich weiß mir keinen besseren Glauben, als welchen meine Voreltern gehabt haben, und keine bessere Sitte als die, welche die berühmtesten waren in meiner Verwandtschaft.«
Oddr Snorrasons Ólafs saga Tryggvasonar (um 1200), Kap. 23.

»Als König Olaf [Tryggvason] erfuhr, daß Svein und sein Sohn [Svein] den Glauben nicht annehmen wollten, sandte er ihnen Botschaft und forderte sie zu sich, und als des Königs Gebot zu ihnen kam, sagte der jüngere Svein zu seinem Vater, sie müßten den Glauben annehmen, den der König gebiete; aber der ältere Svein erklärte, er sei nicht gewillt, den Glauben zu brechen, den seine Gesippen und Voreltern gehabt und gehalten hatten.«
Oddr Snorrasons Ólaf saga Tryggvasonar (um 1200), Kap. 202.

»Loft fuhr jeden dritten Sommer [von Island] nach Norwegen, um dort für sich und seinen Oheim Flosi in dem Tempel zu opfern, dem sein Großvater Þórbjörn in Gaular vorgestanden hatte.«
Flóamanna saga (Anf. 14. Jh.), Kap. 5.

»Gest grüßte den König, der König aber nahm ihn wohl auf. Gest fragte: „Was für ein Anliegen habt Ihr an mich, Herr?" Der König antwortete: „Dasselbe wie an andere Leute, daß du an den wahren Gott glauben sollst". Gest entgegnete: „Ich habe entfernt nicht vor, von dem Glauben zu lassen, den meine Vorfahren vor mir gehalten haben; auch habe ich eine Ahnung, daß ich nicht lange leben werde, wenn ich meinen Glauben verlasse"·«
Bárðar saga Snæfellsáss (um 1350), Kap. 17.

»Darauf [auf die Bekehrungsrede des König Hákon auf dem Frostaþing] erhob sich Ásbjörn von Melhus aus Guldalen. Er beantwortete des Königs Ansprache und sagte: „So dachten wir Bauern, König Hákon", begann er, „als du dein erstes Þing hier in Drontheim abhieltest und wir dich zum König ausriefen und von dir unsere Erbgüter als frei bestätigt erhielten, daß wir den Himmel auf Erden bekommen hätten. Aber jetzt wissen wir nicht, ob wir unsere Freiheit wirklich erhalten haben oder ob du uns nicht erneut knechten willst mit dem wunderlichen Ansinnen, daß wir den Glauben ablegen sollen, den vorher unsere Väter gehabt haben und alle unsere Vorväter, zuerst im Brandzeit- und jetzt noch im Hügelzeitalter. Weit mächtiger waren jene denn wir, und dieser ihr Glaube hat uns doch bis heute geholfen".«
Heimskringla (nach 1230), Hakonar saga góða, Kap. 15.

»Da sprang der Jarl [Valgaut in Gautland] empor und antwortete in großem Zorn und verschwor sich, nie habe jemand ein so unerhörtes Anliegen an ihn gestellt, daß er von seinem Glauben lassen sollte, den er und seine Gesippen solange bekannt hätten.«
Snorri Sturlusons Ólafs saga hins helga (um 1230), Kap. 113, Flateyjarbók 2, 146.

»Sie ritten durch einen dichten Wald; und an einer Stelle sah Hörð, wie dort von der Waldstraße ein schmaler Fußpfad abging. Er ritt diesen Pfad, bis er auf eine Lichtung kam; auf der sah er ein großes stattliches Haus. Draußen vorm Hause stand ein Mann in blaugestreiften Manten [Óðinn]; der begrüßte Hörð mit seinem Namen. Hörð dankte ihm freundlich und fragte, wie er heiße: „denn ich kenne dich nicht, obgleich du gegen mich bekannt tust". „Ich heiße Björn," sagte jener, „und ich erkannte dich gleich, als ich dich sah, und habe dich doch noch nie gesehen. Aber ich war ein Freund deiner Verwandten, und das soll dir zugute kommen … Björn war

nirgends mehr zu finden, und die Leute hielten dafür, das müsse Óðinn gewesen sein.«
Harðar saga Grímkelssonar ok Geirs (13. Jh.), 15.

»Sie [Björns christliche Geschwister] stellten ihm einen guten Aufenthalt bei sich in Aussicht. Björn indes ward inne, daß sie schon den neuen Glauben hatten, und es dünkte ihn unwürdig, daß sie den alten aufgegeben hätten, dem ihre Vorfahren anhingen.«
Eyrbyggja saga (ca. 1350), Kap. 5.

Als nun dem Könige [Chlodovech] der erste Sohn geboren wurde von der Königin Chrodichilde, wollte sie ihn taufen lassen, und sie drang deshalb unaufhörlich in ihren Gemahl und sprach: „Nichts sind die Götter, denen ihr dienet, denn sie können sich und andern nichts nützen, weil sie ein Gebilde aus Stein, Holz oder Erz sind. Und die Namen, die ihr ihnen beigelegt, gehörten einst Menschen an, nicht Göttern" ... Aber wie oft auch die Königin so sprach, sie konnte doch des Königs Gemüt nicht zum Glauben bekehren. „Auf unser Götter Geheiß", sagte er, „wird alles geschaffen und erzeugt, euer Gott ist augenscheinlich ein ohnmächtiges Wesen und was noch mehr ist, nicht einmal vom Stamme der Götter". Indessen aber bachte die gläubige Königin ihren Sohn zur Taufe und ließ die Kirche mit Teppichen und Decken schmücken ... Ihr Sohn aber, den man Ingomer nannte, starb, als er getauft, noch in den weißen Kleidern, in denen er das Bad der Wiedergeburt empfangen hatte. Da schwoll dem König die Galle, und er schalt heftig die Königin und sprach: „Wäre der Knabe geweiht im Namen meiner Götter, gewiß lebte er noch; aber er konnte nicht leben, weil er im Namen eures Gottes getauft ist".
Gregor von Tours, Historia Francorum (501 vollendet), Buch II, 29.

Kapitel 14

Opferpflicht und -ablehnung

»Es pflegt auch alle neun Jahre ein gemeinsames Fest aller schwedischen Lande in Upsala gefeiert zu werden. Von diesem Fest darf sich niemand ausschließen.«
Adamus Bremensis (gest. 1085), Gesta Hammaburgensis ecclesiae pontificum, Buch IV, 27.

»Im Herbst, gegen den Winter, fand ein Opferfest in Lade statt, und der König [Hákon] begab sich zu diesem. Vordem war es stets seine Gewohnheit gewesen, wenn er an eine Stätte kam, wo Opfer stattfanden, sein Mahl in einem kleinen Hause mit nur wenigen Männern einzunehmen, aber die Leute redeten darüber, daß der König nicht auf seinem Hochsitz saß, wenn die Festfreude des Volkes auf der Höhe war. Der Jarl sagte, diesmal solle der König nicht so verfahren. Der König setzte sich auch wirklich auf seinen Hochsitz. Als aber der erste Becher geschenkt wurde, da brachte Jarl Sigurðr den Weihespruch aus. Er segnete den Becher für Óðinn und leerte dann, dem König zutrinkend, das Horn. Dann nahm es der König und machte das Zeichen des Kreuzes darüber. Da sprach Kar aus Gryting: „Wie tut der König so? Will er denn nicht opfern?" Jarl Sigurðr erwiederte: „Der König macht es so wie alle, die an ihre eigene Macht und Stärke glauben und ihren Becher für Þórr segnen. Er machte das Hammerzeichen darüber, ehe er trank". So blieb alles diesen Abend ruhig. Später am Tage aber, als man zur Tafel ging, drangen die Bauern heftig in den König und verlangten, er solle nun das Roßfleisch essen. Das wollte der König

aber durchaus nicht. Dann forderten sie ihn auf, die Brühe zu trinken. Aber auch das lehnte er ab. Endlich wollten sie, daß er von dem Roßfett äße, doch auch das wollte er nicht. Da wurden die Bauern beinahe handgreiflich gegen ihn. Jarl Sigurðr aber sagte, er werde schon Frieden schaffen, und er forderte das Volk auf, sich zu beruhigen. Er bat nun den König, den Mund zu öffnen über dem Henkel des Kessels, an dem sich Ruß von dem Rauch des gesottenen Roßfleisches festgesetzt hatte, auch war der Henkel ganz fettig. Da ging der König herzu, breitete ein leinenes Tuch über den Kesselhenkel und öffnete dann den Mund darüber. Darauf schritt er zurück zu seinem Hochsitz. Kein Teil aber war davon recht befriedigt.«
Heimskringla (nach 1230), I, 192.

»Hjörleifr aber wollte nie opfern ... Im Frühjahr wollte er säen; er hatte nur einen Ochsen und ließ die Knechte den Pflug ziehen. Aber als Hjörleifr und seine Begleiter im Hause waren, machte Dufþak den Vorschlag, sie wollten den Ochsen erschlagen und sagen, ein Bär habe ihn getötet; und nachher wollten sie Hjörleifr und seine Begleiter überfallen, wenn sie den Bären suchen gingen. [Nachdem Hjörleifr von seinen Knechten ermordet wurde:] fuhr Ingolf westwärts nach Hjörleifshöfði. Und als er den toten Hjörleifr sah, sprach er: „Welch ein klägliches Ende für einen so wackeren Mann, durch Knechte umzukommen. Und so sehe ich es jedem ergehen, der nicht opfern will". Ingolf ließ Hjörleifr und den Seinen ein Begräbnis herrichten.«
Landnámabók (zwischen 1275 und 1280 zusammengestellt), 33-36.

»Búi galt, als er heranwuchs, als eigenwillig. Er wollte nie opfern und sagte, es dünke ihn kleiner Leute Art, dabei herumzukriechen ... Þórgrímr der Gode richtete sehr sein Augenmerk auf jene Männer, die nicht opfern wollten. Sie erhielten von ihm die

Abb. 17: Opferfest unter einer heiligen Eiche. Schlesien 2008.

schlechtesten Bedingungen. Er und Þórsteinn, sein Sohn, machten große Worte gegenüber Búi, der nicht opfern wollte, und nannten Búi einen Hund. In jenem Frühjahr, in dem Búi zwölf Winter und Þórsteinn, der Sohn Þórgríms, achtzehn Winter alt waren, lud Þórsteinn Búi wegen falschen Glaubens vor das Þing von Kjalarnes und beantragte für ihn den Waldgang [Ächtung]. Diese Sache strengte Þórsteinn an, und Búi wurde mit Waldgang belegt.«
Kjalnesinga saga (Anf. 14. Jh.), 3.

»Er [der König der Angeln, Edwin] hielt Rat mit den weisen Männern und fragte jeden einzelnen nach seiner Meinung über diese bis dahin nie erhörte Lehre und die neue Gottesverehrung, die jetzt verkündet wurde [nämlich den christlichen Glauben]. Ihm antwortete alsbald Coifi, der oberste der Priester: „ ... Ich bekenne dir

nach der Wahrheit als meine Überzeugung: Nicht die mindeste Kraft und gar keinen Nutzen hat die Religion, der wir bisher angehangen haben. Denn keiner von deinen Mannen hat die Götter so eifrig verehrt wie ich, trotzdem gibt es viele, die von dir reichere Gaben und höhere Würden empfangen und die in allen ihren Unternehmungen und Bemühungen mehr Glück haben als ich. Hätten aber die Götter wirklich irgendwelche Macht, so würden sie mich doch eher fördern wollen, der ich so eifrig bemüht war, ihnen zu dienen".«
Beda, Historia ecclesiastica gentis Anglorum (um 730), II, 13.

»Einige [der Hessen] betrieben teils offen, teils im geheimen Seherei und Weissagungen, Wunder- und Zauberformeln; andere dagegen beobachteten Zeichen und Vogelflug und pflegten die verschiedensten Opfergebräuche, andere wieder, die schon gesunderen Sinnes waren und allem heidnischen Götzendienst entsagt hatten, taten nichts von alledem.«
Willibald, Vita Bonifatii (zwischen 763 und 765), 8 (22).

»Ungern opfere ich nun dem Bruder Vilis,
Dem Wehrer der Götter Óðinn .«
Egill Skallagrímsson, Sonatorrek (960 entstanden), Str. 23.

»Mit Ulfr kam ein Mann nach Island, der Hall hieß, ein großmächtiger Mann und von vornehmer Abkunft. Er siedelte zu Hofstaðir am Þórskafjord und errichtete dort einen großen Tempel. Denn Ulfr war kein Opferer.«
Gull-Þóris saga (13. Jh.), Kap. 1.

»Bevor aber Glúm von Hause fortritt, träumte er, daß viele Männer nach Þverá gekommen wären, um Freyr zu besuchen, und es war ihm, als sähe er eine große Schar auf den Uferstrecken am Flusse;

Freyr aber saß auf einem Stuhl. Er fragte, wer da gekommen sei. Sie sagten: „Wir sind deine abgeschiedenen Gesippen und bitten nun Freyr, daß du nicht vom Þveráland vertrieben werdest; doch es hilft nichts; Freyr antwortet kurz und zornig und gedenkt jetzt der Ochsengabe Þórkels des Hohen". Glúm erwachte und äußerte, er sei nun für alle Zeit mit Freyr zerfallen.«
Víga-Glúms saga (Mitte 13. Jh.), Kap. 26.

»Gísli aber hatte die Opfer aufgegeben, seit er in Víborg in Dänemark gewesen ward, doch gab er die großartigsten Gastmähler wie früher.«
Gísla saga Súrssónir (Mitte 13. Jh.), C. 10.

»Da sagte der König [Ólaf Tryggvason] und lächelte dabei: „Man sieht das an Kjartans Wesen, daß er mehr Vertrauen hat auf seine Kraft und seine Waffen als auf die Macht Þórs und Óðins". Darauf wurde das Þing geschlossen.«
Laxdœla saga (um 1250), Kap. 40.

»Die Þjostarssöhne zogen Freyfaxi [dem Roß] einen Sack über den Kopf, nahmen dann lange Stangen und stießen ihn so über den Rand der Klippe hinunter. Um den Hals hatten sie ihm einen Stein gebunden, und so ertränkten sie ihn. Der Fels heißt seitdem Freyfaxiklippe. Oberhalb von ihm stand das Götterhaus, das Hrafnkel gehört hatte. Þórkel ließ sich dahin führen. Er ließ alle Götterbilder plündern, danach ließ er Feuer an den Tempel legen und alles niederbrennen ... Drüben im Fljotsdal hörte Hrafnkel davon, daß die Þjostarssöhne Freyfaxi getötet und den Tempel verbrannt hätten. Da sprach Hrafnkel: „Ich halte es für Unsinn, an Götter zu glauben". Er erklärte, nie mehr werde er an Götter glauben. Und das hielt er auch und opferte niemals mehr.«
Hrafnkels saga Freysgóða (2. Hälfte des 13. Jh.), Kap. 15f.

»Bödvar sagte: „Ein erprobter Held bist du, wenn du zum Kampfe schreiten und dich mit Framar schlagen wirst; denn in frühem Alter schon gab Óðinn ihm Sieg ..." Da ergrimmte Ketil, als er Óðinn nannte; denn Ketil glaubte nicht an ihn, und er sprach die Weise: „Óðinn opfern tat ich niemals, dennoch hab' ich lange gelebt".«
Ketils saga Hængs (14. Jh.), Kap. 5.

»Ásgeir fuhr nach Island und nahm Land zwischen der Seljalandsá und der Lambafellsá und wohnte dort, wo es jetzt Auðnar heißt ... Ásgeir gab aus eigenem Antrieb die Opfer auf.«
Landnámabók (zwischen 1275 und 1280 zusammengestellt), 278.

»Helgi Bjola, Sohn von Ketil Flachnase, nahm Kjalarnes zwischen Leiruvagsá und Botnsá und wohnte zu Hof in Kjalarnes. Er war ein würdiger Mann zur heidnischen Zeit, kein eifriger Opferer, klug und umgänglich zu allen.«
Kjalnesinga saga (Anf. 14. Jh.), Kap. 1.

»Der König [Ólaf der Dicke] meinte, solche Männer wären für ihn eine gute Heeresgefolgschaft. „Deshalb", fügte er hinzu, „nehme ich gern solche Männer. Doch seid ihr Christen? " Da antwortete Gaukþórir, er wäre weder Christ noch Heide. „Wir Gesellen hier haben keinen anderen Glauben, als daß wir an uns selbst und unsere Kraft [afl] glauben und unser gutes Siegesglück. Das ist uns genug." Der König erwiederte: „Sehr schade, daß Männer von solcher Tüchtigkeit nicht an Christus glauben, ihren Schöpfer." „Gibt es einen Christen in deiner Schar", erwiederte Þórir, „der sich mehr an einem Tage hervorgetan hat als wir Brüder?"«
Heimskringla (nach 1230), 2, 448.

»Hjörleifr aber wollte nie opfern ...«
Landnámabók (zwischen 1275 und 1280 zusammengestellt), 33.

»Balki hieß ein Mann; sein Sohn war Bersi Gottlos; der nahm den Langavatsdal und wohnte in Torfhvalastaðir.«
Landnámabók (zwischen 1275 und 1280 zusammengestellt), 71.

»Hall Gottlos hieß ein Mann; er war der Sohn von Helgi Gottlos. Weder Vater und Sohn wollten opfern; sie glaubten an [trúa á] die eigene Macht [á mátt sinn].«
Landnámabók (zwischen 1275 und 1280 zusammengestellt), 40.

»Nicht gewöhnte sich Odd an die Opfer; denn er glaubte an seine Macht und Stärke [á mátt sinn ok megin] und danach tat auch Ásmundr. Ingjald [Odds Ziehvater, Ásmunds Vater] aber war der größte Opferer.«
Örvar Odds saga (2. Hälfte des 13. Jh.), 1.

»Der König sagte: „Du bist ein vornehmer Mann nach deinem Aussehen und wirst in deiner Heimat eine große Stellung haben. An wen glaubst du?" Finnbogi antwortete: „Ich glaube an mich selbst".«
Finnboga saga ramma (14. Jh.), Kap. 19.

»Aber es wird nicht erzählt, daß König Hrólf und seine Kämpen je Götter verehrt hätten; vielmehr glaubten sie an ihre Macht und Stärke.«
Hrólfs saga kraka ok kappa hans (14. oder 15. Jh.), Kap. 48.

»Geir hieß ein angesehener Mann in Sogn. Er wurde Vé-Geir [Heiligtums-Geir] genannt, weil er ein großer Opferer war. Er hatte viele Kinder: Vébjörn Sygnakappi, der der älteste Sohn war, Vésteinn, Véþorm, Vémund, Végest, Véþorn, und eine Tochter Védís. Nach dem Tode Végeirs verfeindete sich Vébjörn mit Jarl Hákon, wie vorhin erzählt wurde; daher fuhren die Geschwister nach Island.

Sie hatten eine lange und harte Überfahrt. Im Herbst landeten sie in der Hlödivík westlich von Horn. Da veranstaltete Vébjörn ein großes Opfer; er meinte, Jarl Hákon opfere an diesem Tage zu ihrem Verderben. Aber als er beim Opfer war, trieben ihn seine Brüder zur Weiterfahrt an, und er ließ das Opfer in Stich, und sie gingen in See. Denselben Tag scheiterte ihr Schiff bei schwerem Sturm an großen Klippen; sie retteten sich mit Mühe und Not an Land, wobei Vébjörn voranging. Die Stelle heißt jetzt Sygnakleif.«
Landnámabók (zwischen 1275 und 1280 zusammengestellt), Buch II, 10.

Als sich König Ólaf aber niedergelassen hatte, legte [der blinde] König Hrörek ihm die Hand auf die Schulter, tastete an ihm herum und sprach: „Eine prächtige Kleidung trägst du jetzt, Gesippe". König Ólaf erwiderte: „Es wird ja auch ein hohes Fest abgehalten zum Gedächtnis daran, wie Jesus Christus von der Erde zum Himmel fuhr". König Hrörek versetzte: „Davon verstehe ich nichts, daß es mir fest im Gedächtnis haften sollte, was ihr da von Christus erzählt. Vieles von dem, was ihr da erzählt, scheint mir wenig glaubwürdig, manches Wunder aber geschah auch schon vorher".
Heimskringla (nach 1230), Saga Ólafs konungs hins helga, Kap. 84.

Kapitel 15

Der neue Glaube

»[Der westgotische Gesandte Agila im 6. Jh.:] „Bei uns ist es allgemeine Rede: es schade nichts, wenn jemand zwischen heidnischen Altären und einer Kirche hindurchgehend beiderseits seine Verehrung bezeige".«
Gregor von Tours, Historia Francorum (501 vollendet), V, 43.

»Allerdings wurde dessen [des Königs der Angeln, Earpwald] Vater Redwald schon lange vorher in Kent in die Sakramente des christlichen Glaubens eingeweiht, doch vergeblich: Denn als er nach Hause zurückkehrte, ließ er sich von seiner Gemahlin und einigen Irrlehrern verführen und von der Reinheit des Glaubens abbringen, so daß er es später schlimmer trieb als früher: Es hatte den Anschein, als ob er nach dem alten Brauche der Samariter zugleich Christus und den Göttern diente, denen er vorher anhing, denn in demselben Heiligtum hatte er einen Christus geweihten Altar und einen kleinen Altar für die Opfer an die Heidengötter.«
Beda, Historia ecclesiastica gentis Anglorum (um 730), II, 15.

»Nachdem darauf Horig der Jüngere [in Dänemark] den Thron bestiegen hatte, begannen einige von den Großen, welche er nun um sich hatte und welche mit dem Herrn Bischof wenig oder gar nicht bekanntgeworden waren, ihm zuzureden, er möge die bei ihnen erbaute Kirche niederreißen und die dort im Entstehen begriffene Gemeinde aufheben; denn sie sagten, die Götter zürnten ihnen, und darum hätten sie so große Leiden erduldet, weil sie eines frem-

den, unbekannten Gottes Dienst hätten bei sich einführen lassen.«
Rimbert, Vita Anskarii (von 870), Kap. 31.

»Als er [Vedastus], zu dem Schmaus herbeigerufen, voller Schreck herzugeeilt war und in das Haus eintrat, erblickte er Gefäße herumstehen, die nach heidnischem Brauche mit Bier gefüllt waren. Er forschte nun nach, was es denn mit diesen in der Mitte des Hofes stehenden Gefäßen auf sich hätte. Er erhielt zur Antwort, daß sie sie, die einen für die Christen, die andern aber für die Heiden dort hingestellt und nach heidnischem Ritus geweiht hätten.«
Vita Vedastus (um 775, Vedastus lebte in der 1.Hälfte des 6. Jh.), 7.

»Ich sende Ulfr Botschaft, daß er den argen Gottesfeind [góðvargr, der Missionar] fortjage, der sich wider die Götter aufsetzt.«
Þórvalðr enn veili (isländ. Skálde, 999), Lausavísa.

»Þórr warf Þangbrands Langschiff von seinem Liegeplatz. Er erschütterte und zerschlug den Nachen und schleuderte ihn aufs Land. Nie mehr wird er die See überfahren können; denn der starke Sturm, von Þórr verursacht, hat ihn in Späne zermalmt. Der Fäller des Riesinnensohnes [= Þórr] zerbrach dem Glockenwärter [= Missionar Þangbrand] das Schiff ganz und gar. Die Götter machten den Seevogel [Schiff] wrack.«
Steinunn Refsdóttir hofgyðja (999), Lausavísa (Gedicht auf den Untergang von Þankbrands Schiff).

»Nun hat der Bergwind das ganze Schiff Stefnirs zertrümmert. Der Strom vom Gebirge fährt hin über das hohe Schiff. Wir glauben am ehesten, daß die Ásenmacht diesen Anprall verursachte. Der Fluß rast mit Treibeis dahin. Die Götter werden also noch hier im Lande sein!«
Skáldenstrophe auf das gesunkene Schiff des Missionars Stefnir in Island.

»Als sie [Bischof Friedrich und Þórvalðr] sich aber der Þingstätte [auf Island] näherten, da lief der ganze Haufe der Heidenleute zusammen, und sie rannten ihnen mit großem Geschrei entgegen; einige warfen sie mit Steinen, andere schwangen unter Lärmen und Schreien ihre Waffen gegen sie; sie riefen ihre Götter an, daß sie ihre Feinde niederschmettern möchten.«
Oddr Snorrasons Ólafs saga Tryggvasonar (um 1200), Kap. 137.

»Obwohl die Leute sich Christen nannten, war ihr Christentum noch jung und unvollkommen; viele Funken des Heidentums waren noch zurückgeblieben.«
Fóstbrœðra saga (13. Jh.), Kap. 2.

»Endlich hieß es noch, alles Volk [in Norwegen] sei des Glaubens, es wäre deutlich zu sehen, daß die Götter darüber erzürnt wären, daß die Helgeländer sich dem Christenglauben zugewandt hätten.«
Heimskringla (nach 1230), 2, 219.

»Der König [Adalsein] bat Þórólfr und die Brüder, daß sie das Kreuzeszeichen annehmen sollten. Dies war damals sehr üblich sowohl bei Kaufleuten wie bei solchen Männern, die bei Christen in Dienst traten. Denn die Männer, die das Kreuzeszeichen trugen, hatten freien Verkehr mit Christen wie Heiden und hatten im übrigen das als Glauben, was ihnen am besten gefiel. Þórólfr und Egil taten nach des Königs Bitte und ließen sich beide mit dem Kreuze zeichnen [primsigna].«
Egils saga Skallagrímssónar (um 1230), Kap. 50.

»Und als sie die Erichssöhne ins Land Norwegen kamen und alle den Königsnamen angenommen hatten, brachen sie die Tempel nieder und das Opferwesen ... Und zu ihrer Zeit entstand eine große Hungersnot, weil die Heringsfischerei zurückging und der

ganze Seefang und das Korn verdarb. Das schrieb das Volk dem Zorn ihrer Götter zu und dem, daß die Könige ihre Opferstätten zerstören ließen.«
Fagrskinna (um 1230), 29, Kap. 13.

»Das Wetter wurde hart im Herbst; es war starker Frost und kalte Zeit. Die Heiden sagten, es sei nicht zu verwundern, daß das Wetter sich schlecht anließe – „das ist die Strafe für die neuen Erfindungen des Königs und diesen neuen Glauben, worüber die Götter zornig geworden sind".«
Laxdæla saga (um 1250), Kap. 40.

»Helgi hatte einen sehr gemischten Glauben. Er glaubte an Christus, aber bei Seefahrten und schwierigen Unternehmungen sowie bei allem, worauf ihm besonders viel ankam, rief er Þórr an.«
Landnámabók (zwischen 1275 und 1280 zusammengestellt), 207.

»Im Sommer auf dem Þing [in Island] war viel die Rede von dem Glauben, den Þankbrand verkündet hatte, und einige lästerten Gott sehr. Aber die, die getauft waren, schmähten die Götter, und so kam es zu einer starken Spaltung. Da sprach Hjalti Skeggisson dieses Verslein auf dem Gesetzesfelsen: „Nicht will ich daß Götter bellen, Hündin dünkt mich ...". Diesen Vers beantwortete der Góde Runólfr, der Sohn des Góden Ulfr Jörundsson, damit, daß er Hjalti um Gotteslästerung verklagte ... In diesem Gericht auf dem Alþing des Jahres 999 wurde Hjalti wegen Gotteslästerung zum Lebensring [Ächtung] verurteilt ... Als aber Þórvalðr und der Bischof auf das Hegranesþing reiten wollten, zogen ihnen die Heiden entgegen und bewarfen sie mit Steinen, so daß sie nicht weiter konnten. Darauf tat man sie nach den heidnischen Gesetzen in die Acht ...
In diesem Sommer wurde auf dem Alþing das Gesetz angenommen, daß die Verwandten christlicher Männer sie wegen Gottes-

lästerung belangen sollten, wenn sie näher als im fünften Grade und ferner als im dritten mit ihnen verwandt wären ...
In diesem Sommer wurde Stefnir wegen Christentums verklagt: Die Klage erhoben seine Verwandten, weil das Christentum damals als Sippenschändung galt.«
Kristni saga (Mitte 13. Jh.), Kap. 10, 8, 6.

»Gegen die letzten Tage Konuförgs kam ein Schiff in den Leiruvag; darauf waren irische Leute ... Alle diese Leute wurden Getaufte genannt; doch ging unter vielen Leuten die Rede, daß Esja noch den alten religiösen Bräuchen anhange.«
Kjalnesinga saga (Anf. 14. Jh.), Kap. 2.

»Der König [Ólaf Tryggvason] erfuhr, daß die Þrondheimer gegen Wintersanfang ein großes Opfer hielten; sie verschworen sich stark zu den Göttern, daß sie die Verkündung des Christentums durch König Ólaf nicht durchgehen lassen würden.«
Ólafs saga Tryggvassonar 261 (Flateyjarbók, zw. 1328 und 1387), 1, 314.

»In der nächsten Nacht, nachdem Gest getauft war, träumte er, sein Vater Bard käme zu ihm und sagte: „Übel hast du getan, daß du deinen Glauben verlassen hast, den deine Vorväter gehabt haben, und hast dich zum Sittenwechsel zwingen lassen und bist zum größten Schandfleck deines Geschlechts geworden".«
Bárðar saga Snæfellsáss (um 1350), Kap. 11.

»Da war das Heidentum noch wenig zurückgegangen, wenn auch die Leute getauft und Christen zu nennen waren.«
Eyrbyggja saga (ca. 1350), Kap. 54.

»Da verlangte der König Ólaf [Tryggvasson], Sigrid [Königin Sigrid, seine Braut] solle sich taufen lassen und den Christenglauben

annehmen. Sie aber erwiderte: „Niemals werde ich den alten Glauben aufgeben, den ich und alle meine Gesippen vor mir hatten. Doch will ich auch mit dir nicht darüber rechten, wenn du an den Gott glaubst, der dir gefällt." Da ergrimmte König Ólaf gewaltig und rief wütend: „Wie sollte ich dich heiraten, du heidnische Hündin", und er schlug ihr mit seinem Handschuh ins Gesicht, den er in der Hand hielt. Dann stand er auf, und auch sie erhob sich. Jetzt sagte Sigrid: „Das soll dir noch einmal den Tod bringen".«
Heimskringla (nach 1230), Ólafs saga Tryggvassonar, Kap. 61.

»König Ólaf [Tryggvasson] zog nun nach Tönsberg, und er hielt dort wieder ein Þing ab. Auf diesem Þinge bestimmte er, daß alle die, von welchen man sicher und wahrhaft wüßte, daß sie Spuk und Hexerei trieben, und jedwede Zauberer alle außer Landes fahren sollten. Darauf ließ der König nach solchen Männern fahnden in den Gehöften, die dort in der Nähe lagen, und er ließ sie alle zu sich kommen ... König Ólaf hieß alle diese Männer in einer Halle unterbringen und ließ diese schön ausschmücken. Dann veranstaltete er für sie ein Gelage und ließ ihnen starke Getränke vorsetzen, und als sie trunken waren, ließ Ólaf Feuer an die Halle legen, und diese verbrannte mit dem ganzen Volk, das drinnen war.«
Heimskringla (nach 1230), Ólafs saga Tryggvassonar, Kap. 62.

»Er [König Ólaf Tryggvasson] war leutselig und umgänglich, sehr betriebsam in allen Dingen, höchst freigebig, sehr gewählt in seiner Kleidung, allen Männern an Kühnheit in Kämpfen über. Doch war er äußerst grausam, wenn er in Zorn geriet, und seine Feinde ließ er schlimm martern. Teils ließ er sie im Feuer brennen, teils durch wütende Hunde zerreißen, teils auch verstümmeln und von hohen Felsen herabstürzen. Deshalb hingen ihm seine Freunde in großer Liebe an, seine Feinde hingegen fürchteten ihn.«
Heimskringla (nach 1230), Ólafs saga Tryggvassonar, Kap. 85.

Kapitel 16

Göttermacht und -herrlichkeit

»Als wir [Römer] das diesseitige Ufer des genannten Stromes der Elbe mit unserem Lager besetzt hatten und das jenseitige von den Waffen der jungen Mannschaft der Feinde blitzte, die auf jede Bewegung und jeden Versuch unserer Schiffe sofort zurückgingen, da bestieg einer der Barbaren, ein älterer Mann von hochragender Gestalt – wie seine Kleidung zeigte, war es ein Mann von hohem Range – einen Kahn, der, wie es bei jenen Völkern Sitte ist, aus einem Baumstamm ausgehölt war. Indem er selbst ganz allein diese Art Nachen lenkte, ruderte er bis zur Mitte des Stromes und bat, ihm zu erlauben, ohne Gefahr an dem von uns mit bewaffneter Macht besetzten Ufer zu landen und den Cæsar Tiberius zu sehen. Seine Bitte ward ihm gewährt. Als er darauf mit seinem Kahne gelandet war und lange schweigend den Cæsar betrachtet hatte, rief er aus: Wahrlich, unsere Jugend ist von Sinnen! Während sie eure Gottheit, wenn ihr fern seid, verehrt, fürchtet sie vielmehr eure Waffen, wenn ihr gegenwärtig seid, als daß sie jenem Glauben Folge gebe. Aber ich habe, dank deiner gütigen Erlaubnis o Cæsar, heute die Götter gesehen, von denen ich vorher nur hörte, und ich habe keinen glücklicheren Tag meines Lebens gewünscht oder erlebt.«
Velleius Paterculus, Historia Romana (um 30), II, 107.

»In demselben Sommer ward zwischen den Hermunduren und den Chatten eine große Schlacht geschlagen, da beide Völker einen Fluß, der einträglich war, indem er Salz erzeugte, und an der gemeinsamen Grenze gelegen, mit Gewalt an sich zu bringen suchten.

Mehr noch als ihre Sucht, alles mit den Waffen zu entscheiden, wirkte der angestammte Glaube: Jene Stätte sei dem Himmel vorzüglich nahe und das Gebet der Sterblichen werde von den Göttern nirgends so aus der Nähe vernommen. Deshalb lasse die Huld der Gottheiten in jenem Flusse, in jenen Wäldern das Salz entstehen.«
Tacitus (nach 96), Annalen 13, 57.

»Aber soviel auch die Königin sprach, wurde doch das Gemüt des Königs [Chlodwig] nicht zum Glauben bekehrt, sondern er sagte: „Auf unser Götter Geheiß wird alles geschaffen und ins Dasein gerufen; euer Gott kann offensichtlich nichts, und, was schwerer wiegt, er erweist sich nicht einmal als vom Stamme der Götter".«
Gregor von Tours, Historia Francorum (501 vollendet), II, 29.

»Einst saß er [Heriger] bei einer Volksversammlung [in Birka, Schweden] in einem Zelte, welches zu einer Verhandlung errichtet war. Unter anderen im Gespräche berührten Gegenständen priesen die Heiden ihre Götter, durch deren Gunst ihnen viel Glück zuteil werde, und tadelten ihn heftig und mit vielen Worten, daß er allein, in einem törichten Glauben befangen, von allen sich absondere.«
Rimbert, Vita Anscarii (870), Kap. 19.

»Die Dänen waren seit langem Christen, dienten jedoch nichtsdestoweniger nach angestammten Brauch den Götzen. Es ereignete sich einmal, daß bei einem Mahle in Anwesenheit des Königs ein Streit über den Götterkult entstand, bei dem die Dänen behaupteten, Christus sei zwar ein Gott, aber andere seien größer als er, da sie von sich aus den Sterblichen mehr vermögende Zeichen und Wunder offenbarten.«
Widukind von Corvey, Res gestae Saxoniae (um 965), III, 65.

»Da ritt er [Sigurðr] in die Burg. Das sah einer von den Mannen des

Königs und sagte: „Ich glaube, hier kommt einer von den Göttern! Dieser Mann ist ganz mit Golde geschmückt; sein Roß ist viel größer als andere Rosse, außerordentlich schön ist seine Waffenrüstung und übertrifft bei weitem die anderer Männer, am meisten aber ragt er selbst über andre Männer".«
Völsunga saga (Mitte 13. Jh.), Kap. 26, (Fornaldarsögur 1, 182).

»Mächt'ge Götter [rögn] machten Hákons Macht stark, sag ich.«
Einarr Helgason skálaglamm, Vellekla (zw. 975 und 985 entstanden), 32.

»Da fuhren die Söhne Hjaltis auf einem Schiff südwärts zum Steingrimsfjord ... Und als sie auf das Þing gingen, waren sie so prächtig angetan, daß die Leute glaubten, die Ásen wären gekommen.«
Landnámabók (zwischen 1275 und 1280 zusammengestellt), 197.

»Da hub Gangleri an zu sprechen: „Wer ist der höchste und älteste aller Götter?"
Hárr [Óðinn] sagte: „Alföður heißt er in unserer Sprache und im alten Ásgarðr hatte er zwölf Namen. Der erste ist Alföður, der andere Herran oder Herjan, der dritte Nikar oder Hnikar, der vierte ist Nikuss oder Hnikuður, der fünfte Fjölnir, der sechste Óski, der siebente Ómi, der achte Bifliði oder Biflindi, der neunte Sviðar, der zehnte Sviðrir, der elfte Viðrir, der zwölfte Jálg oder Jálkur." Da fragte Gangleri: „Wo ist dieser Gott, und was vermag er? Oder was hat er Großes getan?" Hárr sagte: „Er lebt durch alle Zeitalter und beherrscht sein ganzes Reich und waltet aller Dinge, großer und kleiner". Da sprach Jafnhárr [auch Óðinn]: „Er schuf Himmel und Erde und die Luft und alles, was darin ist". Da sprach Þriði [wiederum Óðinn]: „Das ist das wichtigste, daß er den Menschen schuf und gab ihm Önd [Atem, Seele] der leben soll und nie vergehen, wenn auch der Leib in der Erde fault oder zu Asche verbrannt wird. Auch sollen alle Menschen leben, die wohlgesittet sind, und

mit ihm sein an dem Orte, der Gimlé heißt (oder Vingólf). Aber böse Menschen fahren zu Hel und danach gen Niflhel; das ist unten in der neunten Welt".«
Jüngere Edda (vor 1220), Gylfaginning Kap. 3.

Kapitel 17

Wodan (Óðinn)

»Der Gott, der bei ihnen Vuotant heißt, den die Lateiner aber Mars nennen.«
Glosse zu Jonas von Bobbio (von 642).

»Die Vandalen seien vor Godan [Wodan, Óðinn] getreten und hätten um Sieg über die Vinniler gefleht; er habe geantwortet, er wolle denen den Sieg verleihen, die er zuerst bei Sonnenaufgang erblicke. Darauf sei Gambara vor Frea [Fria, Frigg], Godans Gemahlin, getreten und habe um Sieg für die Vinniler gefleht, und Frea habe den Rat erteilt, die Weiber der Vinniler sollen ihr gelöstes Haar wie einen Bart ums Gesicht hängen lassen, dann in aller Frühe mit ihren Männern auf dem Platze sein und sich zusammen da aufstellen, wo Godan sie sehen müsse, wenn er wie gewöhnlich aus dem Fenster gen Morgen [Sonnenaufgang] schaue. Und so sei es auch geschehen. Als Godan sie bei Sonnenaufgang erblickte, habe er gefragt: „Wer sind diese Langbärte?" Da sei Frea eingefallen, er solle denen den Sieg verleihen, welchen er jetzt selbst den Namen gegeben habe. Und so habe Godan den Vinilern den Sieg verliehen.«
Paulus Diaconus, Historia Langobardorum (nach 774), I, 8.

»Ein Mann wurde Mercur im Leben genannt, er war sehr geschickt und überzeugend in der Sprache, betrügerisch in der Tat und trickreich. Ihn zählten die Heiden zu ihrem mächtigsten Gott und sie opferten ihm oft und regelmäßig durch die Lehre des Teufels und sie verehrten ihn mit Gebeten und legten Opfergaben auf den ho-

Abb. 18: Wodansdarstellung am Kaiserdom von Königslutter (Niedersachsen).

hen Bergen nieder. Dieser falsche Gott wurde unter allen Heiden damals verehrt, und er wird Oðon [Óðinn] genannt in dänischer Sprache. Jetzt sagen einige der dänischen Männer in ihrer Ketzerei, daß er Iouis [Jupiter] war, und Þor genannt wird, Mercurs Sohn, den sie Oðon nennen, aber das war nicht richtig, weil wir in den Büchern lesen, sowohl von Heiden als Christen, daß der böse Iouis in Wahrheit Saturns Sohn ist.«
Wulfstan, De falsis deis (frühes 11. Jh.), 53-62.

»Als Hárald [Hildetan] den Ausgang dieses Krieges durch Orakel zu erforschen wünschte, begegnete ihm ein alter Mann, außergewöhnlich groß, aber einäugig, in einen rauhen Mantel gehüllt, der da sagte, er sei Othinus und verstehe sich auf die Kriegskunst; dieser erteilte ihm eine sehr nützliche Unterweisung in der Aufstellung seines Heeres in Schlachtordnung ... Zu derselben Zeit war ein gewisser Bruno Haralds Vertrauter und eingeweiht in alle Angelegenheiten; ihm pflegten er und Ring ihre Aufträge anzuvertrauen, wenn sie einen geheimen Boten nötig hatten. Diese Stufe der Vertrautheit hatte er erlangt, weil er mit ihm als Kind gemeinsam aufgewachsen war. Als dieser auf einer seiner häufigen beschwerlichen Reisen durch die Gewässer eines Flusses umgekommen war, brachte Othinus, indem er seine Gestalt und seinen Namen annahm, durch heimtückische Botschaft die enge Eintracht der Könige ins Wanken und säte mit so wirksamen Truge Feindschaft, daß er in den Männern, die durch Freundschaft und Verwandtschaft eng verbunden waren, einen starken Haß aufwachsen ließ, der ohne Krieg nicht gestillt werden zu können schien.«
Saxo Grammaticus, Gesta Danorum (gegen 1200), VII, 248, 255.

»Der König [Hárald Hildetan] sendet Bruni und Heidir, um auszukundschaften, wie Hring seine Schlachtreihe aufgestellt habe und ob er zum Kampfe bereit sei. Bruni sagte: „Es sieht mir so aus, als

ob Hring und sein Kriegsvolk zum Schlagen bereit ist. Er hat wunderbarerweise sein Heer in Keilform aufgestellt, und es wird nicht gut sein, mit ihm zu kämpfen". Da sagte König Hárald: „Wer kann Hring diese Schlachtordnung gelehrt haben? Ich glaubte, daß niemand sie kannte außer mir und Óðinn. Will Óðinn mir etwa den Sieg vorenthalten? Das ist nie zuvor geschehen. Ich bitte ihn, daß er das nicht tue. Will er mir aber den Sieg jetzt nicht gewähren, so lasse er mich im Kampfe fallen mit meinem ganzen Heer, wenn er nicht will, daß die Dänen den Sieg gewinnen wie früher. Und alle Gefallenen dieses Schlachtfeldes gebe ich Óðinn!"«
Sögubrot af nokkrum fornkonungum (13. Jh.), Kap. 8.

»[Ólaf Tryggvason über Háraldr hárfagr:] Es geht auch aus deinen Worten hervor, daß er sich Schutz von dem erhoffte, der ihn geschaffen hatte, wenn er auch kein volles Wissen davon hatte, wer der Gott war.«
Oddr Snorrasons Ólafs saga Tryggvasonar (um 1200), Kap. 167.

»Hárr [Óðinn] sagte: „Er [Alföðr, Óðinn] lebt durch alle Zeitalter und beherrscht sein ganzes Reich und waltet aller Dinge, großer und kleiner". Da sprach Jafnhar [Óðinn]: „Er schuf Himmel und Erde und die Luft und alles, was darin ist". Da sprach Þridi [Óðinn]: „Das ist das wichtigste, daß er den Menschen schuf und gab ihm den Geist, der leben soll und nie vergehen" ... „Und das ist mein Glaube, daß dieser Óðinn und seine Brüder die Regierer von Himmel und Erde sind. Wir glauben, daß dies sein Name ist. Es ist der Name des Größten und Vornehmsten, den wir kennen, und auch ihr könnt ihm wohl auch diesen Namen geben"«
Jüngere Edda (vor 1220), Gylfaginning Kap. 3 u. 6.

»Óðinn war der vornehmste von allen, und von ihm lernten sie alle Künste und Fertigkeiten, denn er war der erste, der sie kannte, und

überdies mehr als die andern. Es muß auch erwähnt werden: Daß er so hoch geehrt wurde, das lag daran: Er war so schön und edel von Ansehn, wenn er unter seinen Freunden saß, daß jedermann das Herz im Leibe lachte. War er aber auf dem Kriegszug, dann erschien er seinen Feinden gar grimmig. Der Grund war, daß er die Kunst verstand, Aussehn und Gestalt nach Belieben zu wechseln. Dazu kam, daß seine Rede so gewandt und glatt war, daß alle, die ihr lauschten, meinten, sie allein wäre wahr. Er sprach alles in Reimen, wie dies noch jetzt in der Kunst geschieht, die man Skáldendichtung nennt. Óðinn und seine Tempelpriester hießen „Liederschmiede", weil diese Kunst des Dichtens von ihnen in den Nordlanden ausging.«
Heimskringla (nach 1230), Ynglinga saga Kap. 6.

»Óðinn war ein großer Kriegsmann und wanderte weit umher. Ihm wurden viele Reiche untertan. Er war so siegreich, daß er in jedem Kampfe die Oberhand gewann. Daher kam es, daß die Menschen glaubten, er müsse seiner Natur nach in jeder Schlacht den Sieg gewinnen.«
Heimskringla (nach 1230), Ynglinga saga Kap. 2.

»Óðinn war in einer Kunst erfahren, die die größte Macht verlieh – man nennt sie Zauberkunst – und übte sie selbst aus. Sie befähigte ihn, das Schicksal der Menschen und noch nicht eingetretene Ereignisse vorauszusagen, ja auch den Menschen Tod, Unheil oder Krankheit zu bescheren. Endlich vermochte er durch sie jemandem seinen Verstand und seine Kraft zu nehmen und diese einem andern zu verleihen ... Die meisten Künste aber lehrte er die Opfergoden, und sie kamen ihm in allem Wissen und im Zauber am nächsten. Doch bekamen auch manche andere in all dem Erfahrung, und so breitete sich die Zauberei weithin aus und wurde lange geübt. Aber dem Óðinn und diesen zwölf Häuptlingen opferten die

Menschen, und sie nannten sie ihre Götter und glaubten noch lange nachher an sie.«
Heimskringla (nach 1230), Ynglinga saga Kap. 7.

»Oft meinten die Schweden, er offenbare sich ihnen, bevor große Kämpfe stattfanden. Einigen verlieh er dann den Sieg. Andere entbot er zu sich nach Ásgarðr, und beides schien ein glückliches Los.«
Heimskringla (nach 1230), Ynglinga saga Kap. 9.

»Biarko: „Aber nun sage, wo ist er, der Gott, man nennt ihn Othin, mächtig im Streite, der stets sich mit einem der Augen begnüget? Sage mir, Ruta, dich bitt' ich, erblickst du nur irgend den Kriegsgott?" Ruta: „Tritt zu mir näher und lenke den Blick durch die Beuge des Armes, segne das Auge zuvor mit dem siegverleihenden Zeichen, willst du, vor Fährnis gefeit, den Gott leibhaftig erschauen."«
Saxo Grammaticus, Gesta Danorum (gegen 1200), Buch II.

»[König Háraldr hárfagr:] „Das gelobe ich, daß ich keinem Gott Opfer darbringen werde von denen, die man jetzt verehrt, außer dem einen, der die Sonne machte und die Welt ordnete [Óðinn].«
Fagrskinna (um 1230), Kap. 2, Tillæg III.

»Auf dieser Fahrt begab es sich, daß Rerir krank wurde, er starb darauf und wollte Óðinn heimsuchen – vielen schien das wünschenswert in jener Zeit ...
Da erhob sich ein harter Kampf, und obwohl Sigmund schon alt war, so schlug er sich doch tapfer und war stets der vorderste seiner Mannen ...
Und als der Kampf eine Weile gewährt hatte, da kam ein Mann in die Schlacht, mit herabhängendem Hut und blauen Mantel, er hatte nur ein Auge und trug einen Speer in der Hand [Óðinn]. Dieser Mann trat König Sigmund entgegen und hob den Speer gegen ihn

empor; und als der König Sigmund kräftig zuhieb, traf das Schwert auf den Speer und zersprang in zwei Stücke. Da wandte sich die Niederlage auf Sigmunds Seite; König Sigmunds Heil war gewichen, und er verlor viel Volk. ...
Hjördis ging nach der Schlacht nachts auf die Walstatt, kam dahin, wo König Sigmund lag, und fragte, ob er zu heilen wäre. Er antwortete: „Mancher lebt, obwohl nur geringe Hoffnung war; von mir aber hat sich das Heil gewandt, so daß ich mich nicht mehr heilen lassen will. Óðinn will nicht, daß ich fürder das Schwert schwinge, da es jetzt zerbrach; ich habe Schlachten geschlagen, solange es ihm gefiel". ... Da drangen die Männer auf sie [Hamdir und Sörli] ein, sie aber wehrten sich wohl und mutig und fügten manchem Manne Schaden zu – sie selbst aber verletzte kein Eisen. Da kam ein Mann, hochgewachsen und alt, mit einem Auge [Óðinn], der sprach: „Ihr seid nicht weise Männer, wenn ihr diese Männer nicht töten könnt". Der König erwiederte: „Gib uns den Rat dazu, wenn du kannst! " Jener rief: „Werft sie doch mit Steinen tot! " Und so geschah es: von allen Himmelsgegenden flogen Steine auf sie, und das brachte ihnen den Tod.«
Völsunga saga (Mitte 13. Jh.), Kap. 2, 11f u. 42.

»Hroßhársgrani [Óðinn] sagte zu Starkaðr: „Gewiß wirst du mir nun wohl, Ziehsohn, die Hilfe lohnen, die ich dir leistete". „Gewiß". sagte Starkaðr. Da sprach Hroßhársgrani: „So sollst du mir jetzt König Víkarr senden; ich aber werde dir mit meinem Rat beistehen".«
Gautreks saga konungs (13. Jh.), Kap. 7.

»Þorsteins Sohn war der Lögsögumaðr [Gesetzsprecher] Þórkel Máni, der von den heidnischen Männern [auf Island] noch den besten Glauben gehabt hat, soweit man Beispiele kennt. Er ließ sich in seiner Todeskrankheit in den Sonnenschein tragen und befahl

sich in die Hände des Gottes, der die Sonne geschaffen habe
[Óðins]. Er hatte auch ein so reines Leben geführt, wie nur die
frömmsten Christen. Sein Sohn war Þórmod, der in der Zeit als das
Christentum kam, Allsherjargode [allsherjargóði] war.«
Landnámabók (zwischen 1275 und 1280 zusammengestellt), 38.

»Þórstein sprach: „... Aber damit können wir uns trösten, daß ein
großer Unterschied besteht zwischen dem Ermordeten und dem
Mörder. Dessen wird unser Vater genießen bei dem, der die Sonne
geschaffen hat und die ganze Welt, wer das auch ist" ...
Þorstein sprach: „Jetzt will ich den anrufen, der die Sonne geschaffen hat – denn ihn halte ich für den Mächtigsten –, damit dieses Unheil von dir weiche. Und ich will dafür um seinetwillen das
tun, daß ich zum Entgelt diesem Kinde aufhelfe und es dazu auf-
ziehe, daß der, der den Menschen geschaffen hat, ihn seiner Zeit zu
sich rufen könne; denn ich glaube, daß ihm dies zuteil werden
wird" ... Þórkel erklärte, er wolle keinen andern Glauben haben als
den, den Þórstein, Ingimunds Sohn, hatte – „und Þórir, mein Ziehvater; sie haben an den geglaubt, der die Sonne geschaffen hat und
über alle Dinge herrscht [Óðinn] ".«
Vatnsdœla saga (zwischen 1260 und 1280 entstanden), Kap. 23, 37, 46.

»Ref rüstete nun sein Schiff zur Fahrt, und tüchtige Bauernsöhne
schlossen sich ihm an. Gest beschenkte ihn beim Abschied reich-
lich, und er sprach zu ihm: „... Ich fleh' für dich zu dem, der die
Sonne erschaffen hat, daß er dir zu Gutem verhelfe". Ref dankte
Gest für seinen Beistand.«
Króka-Refs saga (um 1350), Kap. 2.

»Diese selbe Nacht ging [der Schwedenkönig] Eirek in den Tempel
Óðins und gab sich ihm für den Sieg; in Frist von zehn Wintern gelobte er seinen Tod. Viel hatte er zuvor geopfert, denn seine Sache

stand wenig günstig. Bald darauf erblickte er einen großen Mann mit einem breiten Hut [Óðinn]. Der gab ihm einen Rohrstengel in die Hand und hieß ihn den über das Kriegsvolk Styrbjörns zu schießen, und dies sollte er rufen: „Óðinn hat euch alle!" Und als er geschossen hatte, da zeigte sich ihm ein Speer in der Luft, und er flog über die Schar Styrbjörns, und alsbald fiel Blindheit auf das Kriegsvolk Styrbjörns und danach auch auf ihn selbst. Und darauf geschah ein so großes Wunder, daß eine Steinlawine oben am Berge sich löste und auf das Heer Styrbjörns niederging und sein ganzes Kriegsvolk erschlug. Und als König Hárald das sah, wandten er und alle Dänen sich zur Flucht.«
Styrbjarnar þáttr Svíakappa (zw. 1328 und 1387), Kap. 2 (Fms. 5, 250).

»Sobald Kari die Wunde erhalten hatte, sagte er zum König: „Lebt wohl, Herr! Ich werde heut bei Óðinn gasten".«
Hrómundar saga Gripssonar (um 1650 aus Rímur von 1400 entstanden), Kap. 2.

»Als Hading seiner Pflegemutter beraubt war, da erbarmte sich des Verlassenen ein alter Mann, auf einem Auge blind [Óðinn], und gewann ihm in feierlichen Bundesvertrage den Wiking Liserus zum Genossen. Wenn die Alten einen solchen Bund abschließen wollten, pflegten sie in ihre Fußspuren wechselseitig ihr Blut träufeln zu lassen, um dem Freundschaftsbunde durch die Vermischung des Blutes beider ein festes Unterpfand zu geben.«
Saxo Grammaticus, Gesta Danorum (gegen 1200), I, 248, 23.

»Als Hading ihm [Thuningus] entgegen zog und an Norwegen vorüber fuhr, bemerkte er auf der Küste einen alten Mann, der durch wiederholtes Schwenken des Mantels zur Landung mahnte. Die Genossen waren zwar dagegen, es sei nur eine unnütze Ablenkung von der Fahrt, er aber holte ihn auf sein Schiff und hatte (später)

an ihm einen Lehrmeister in der Aufstellung des Heeres.«
Saxo Grammaticus, Gesta Danorum (gegen 1200), I, 32.

»Ein Mann hieß Gestumblindi, ein mächtiger und großer Feind König Heiðreks. Der König sandte ihm eine Botschaft, daß er zu einem Treffen mit ihm kommen solle, um sich mit ihm auszusöhnen, wenn er das Leben behalten wolle. Gestumblindi war kein großer Weiser, und weil er weiß, daß er unfähig ist, mit dem König zu streiten, weiß er auch, daß es schwer sein wird, das Urteil der Ratgeber hinzunehmen, weil genügend Klagen vorliegen; Gestumblindi entschließt sich, Óðin zu opfern, um ihn als Helfer seiner Sache anzunehmen und gelobt ihm stetige Verehrung. Eines Abends spät klopft es an der Tür, und Gestumblindi geht zur Tür und sieht, daß ein Mann [Óðinn] gekommen ist. Er fragt ihn nach dem Namen, und der nannte sich Gestumblindi und sagte, daß sie die Kleider tauschen sollten, und so tun sie es. Der Hausherr geht nun weg und versteckt sich, und der Ankömmling geht hinein, und dort glauben alle, Gestumblindi zu erkennen, und so vergeht die Nacht. Am Tag darauf macht sich dieser Gestumblindi auf seinen Weg, um den König zu treffen, und er begrüßte den König freundlich ... [Es findet der Rätselwettstreit statt, der endet:] Da sprach Gestumblindi: „Dann sage zuerst, wenn du weiser als alle Könige bist: Was sagte Óðin dem Baldr ins Ohr, bevor er auf den Scheiterhaufen gelegt wurde?" König Heiðrek sagt: „Das weißt du allein, verfluchtes Geschöpf"; und da zieht Heiðrek den Tyrfing [ein Schwert] und schlägt nach ihm, aber Óðin nahm die Gestalt eines Falken an und flog davon. Der König hieb nach ihm und schlug ihm hinten die Schwanzfedern ab, und daher ist der Falke seither so kurzschwänzig. Da sprach Óðin: „Dafür, König Heiðrek, daß du die Hand gegen mich erhobst und mich grundlos töten wolltest, sollen dir die schlimmsten Knechte den Tod bereiten". Danach trennen sie sich.«
Hervarar saga ok Heiðreks konungs (13. Jh.), Kap. 9.

Kapitel 18

Donar (Thorr)

»Ásgarðr Yggs Volk wehrte
Allen voran doch Þórr da.«
Þórbjörn dísarskáld (2. Hälfte des 10. Jh.), Skáldskaparmál Str. 50.

»So fürchte auch er [Regner], den Gott Thor ausgenommen, keine Macht einer gespenstischen Kraft; Thors großer Macht freilich könne nichts im Himmel und auf Erden sich vergleichen.«
Saxo Grammaticus, Gesta Danorum (gegen 1200), II, 44.

»Raud antwortete auf die Rede des Königs [Ólaf, der ihn bekehren wollte]: „Einleuchtend setzt du deine Rede, o König! Aber es sagt mir nicht sehr zu, den Glauben zu lassen, den ich gehabt habe und mein Ziehvater mich lehrte, und man kann nicht sagen, daß unser Gott Þórr, der hier im Tempel wohnt, wenig vermöge; denn er sagt ungeschehene Dinge voraus und ist mir in aller Not unbedingt verlässig, und darum will ich unsere Freundschaft nicht brechen, solange er mir Treue hält; doch will ich andern nicht verwehren, den Glauben zu haben, der jedem gefällt" …
Eines Tages segelte König Ólaf [Tryggvason] südwärts die Küste entlang bei einer leichten und schönen Brise. Da stand ein Mann auf einem Felsen, rief sie an und bat sie um, die Freundlichkeit, ihn mit nach Süden zu nehmen. König Ólaf steuerte den „Ormen" [„Schlange", sein Schiff] auf den Felsen zu, wo der Mann stand, und er stieg ins Schiff. Dieser Mann war von hohem Wuchs, jugendlich, schön von Aussehen und rotbärtig … Die Königsleute

Abb. 19: Þórsfigur aus Bernstein, gefunden in Dänemark, Vikingerzeit.

fragten, ob er irgendwelche Kunde, alte oder neue, sagen könne. Er antwortete, er glaube, daß sie ihn wenig fragen könnten, was er nicht beantworten könnte. Sie führten ihn vor den König und sagten, das sei ein vielkundiger Mann. Der König sagte: „Sag irgendeine alte Kunde, wenn du kannst". Er antwortete: „Damit fang ich an, Herr, daß dies Land, an dem wir vorbeisegeln, in alter Zeit von Riesen bewohnt war; aber die Riesen fanden durch Zufall einen schnellen Tod, so daß sie fast alle gleichzeitig starben und nur zwei Weiber übrig blieben. Danach begannen Leute aus den Ostlanden das Land zu besiedeln, aber jene großen Weiber fügten dem Volke viel Gewalt und Beunruhigung zu und bedrängten die Ansiedler, bis die Bewohner des Landes beschlossen, den Rotbart um Hilfe anzurufen. Aber ich ergriff sogleich meinen Hammer und schlug sie beide tot, und das Volk des Landes hat daran festgehalten, zu mir um Hilfe zu rufen, wenn sie irgend in Not waren, bis du, o König, fast alle meine Freunde so vernichtet hast, daß es wohl der Rache wert wäre". Und damit blickte er dem König ins Gesicht und lächelte dazu, während er sich so schnell über Bord warf, als wenn ein Blitz ins Meer schösse, und sie sahen ihn niemals wieder.«
Oddr Snorrasons Ólafs saga Tryggvasonar (um 1200), Kap. 150 u. 213.

»So wurde denn auch zwischen Gunnlaug und ihm ein Ringkampf veranstaltet. Die Nacht vorher hatte Þórd zu Þórr um Sieg gebetet. Und am Morgen, als sie sich trafen, begannen sie zu ringen.«
Gunnlaugs saga Ormstunga (um 1270 bis 1280), Kap. 13.

»Hallstein, ein Sohn des Þórólf Mostrskegg, nahm den Þórskafjord und wohnte auf Hallsteinsnes. Er opferte Þórr, daß er ihm Hochsitzsäulen sende. Darauf trieb ein Baumstamm ans Land, der war dreiundsechzig Ellen lang und zwei Faden dick. Der wurde zu Hochsitzsäulen verwandt.«
Landnámabók (zwischen 1275 und 1280 zusammengestellt), II, 9.

»Þangbrand zog tief ins Westland [von Island] hinein. Ihm trat entgegen Steinunn, die Mutter des Skálden-Ref; sie verkündete dem Þangbrand das Heidentum und hielt ihm eine lange Rede. Þangbrand schwieg, während sie sprach, aber sprach nachher lange selbst und überführte des Irrtums, was sie gesagt hatte. „Hast du gehört", fragte sie, „daß Þórr den Krist zum Holmgang forderte, und er wagte 's nicht, sich mit Þórr zu schlagen?" „Ich habe gehört", sagte Þankbrand, „daß Þórr nichts als Staub und Asche wäre, wenn Gott nicht zuließe, daß er lebe".«
Brennu-Njáls saga (um 1280), Kap. 102.

»Eines nachts träumte er [Þórgils der Christ], Þórr erschiene ihm und sähe gar grimmig aus. „Du trogst mich", sagte er, und hast mich sehr schlecht behandelt. Das Schlechteste aus deinem Besitz wähltest du für mich aus. Mein Silber aber warfst du in einen faulen Pfuhl. Dafür sollst du mir büßen!" „Gott wird mir helfen", erwiderte Þórgils, „und glücklich bin ich, daß ich mit dir nichts mehr zu tun habe". Als Þórgils aber erwachte, sah er, daß sein Hofeber tot war. Er hieß ihn bei einer Baustelle vergraben und duldete nicht, daß man von ihm aß. Da erschien Þórr dem Þórgils noch einmal im Traum und sagte, es würde ihm nicht schwerer fallen, ihm eins auf die Nase zu geben denn seinem Eber. Þórgils erwiederte, das stünde in Gottes Hand. Þórr drohte ihm mit weiterem Schaden an seinem Vieh. Þórgils sagte, das kümmere ihn nicht. In der folgenden Nacht starb ein alter Ochse von Þórgils, und in der nächsten Nacht wachte er nun selbst ob seinem Vieh. Als er dann morgens heimkam, war er über und über blaugeschlagen. Und die Leute hielten es für gewiß, daß er mit Þórr da zu tun gehabt habe. Seitdem fiel kein Vieh mehr … Þórgils wartete nun auf Fahrwind. Da träumte ihm, ein großer rotbärtiger Mann erschiene ihm und sagte: „Du hast eine Fahrt vor, die dir nur Beschwerden bringen wird". Gar grimmig sah dieser Mann im Traum aus. Er sagte weiter:

„Schlecht wird's euch ergehen, kehrst du nicht zum Glauben an mich zurück. Doch tust du dies, sorg' ich noch für dein Bestes". Þórgils wies seine Hilfe ab und forderte ihn auf, ihn schleunigst zu verlassen. „Meine Fahrt", sagte er, „verläuft doch nach dem Willen des allmächtigen Gottes". Dann schien es ihm, als ob Þórr ihn an einen Klippenabhang führte, wo die See wider die Felsen brandete, und spräche: „In solchen Wogenschwall wirst du geraten und ihm nicht entrinnen, wendest du dich mir nicht wieder zu". „Nein", erwiederte Þórgils, „hebe dich weg von mir, leider Teufel. Der wird mir helfen, der alle durch sein Blut erlöste". ... [Nachdem sie auf See hungern:] Þórgils träumte da, derselbe Mann käme wieder zu ihm und sagte: „Ist's nun nicht ganz so wie ich dir sagte?" Þórr sprach dann noch manches zu Þórgils, doch der wies ihn mit herben Worten ab. Der Herbst begann nun. Da meinten einige Männer, man müsse Þórr anrufen. Þórgils untersagte das und versicherte, sie würden es büßen müssen, wenn jemand auf dem Schiffe opfere. Auf dies Verbot hin wagte keiner Þórr anzurufen. Darauf träumte Þórgils, derselbe Mann träte wieder vor ihn und sagte: „Wieder zeigtest du, wie treu du mir bist, als die Männer mich anrufen wollten. Aber nun hab' ich auch deinen Leuten danach geholfen. Sie sind nun alle verloren, wenn ich ihnen nicht beistehe. Gleichwohl sollst du im Verlauf von sieben Tagen glücklich im Hafen sein, wendest du dich mir im Ernst wieder zu". „Auch wenn ich den Hafen nicht erreiche", erwiderte Þórgils, „nie werd' ich dir etwas zu Gefallen tun". Þórr erwiderte: „Willst du mir denn nichts Gutes tun, so laß mir wenigstens mein Eigenum". Þórgils sann nach, was das sein könne, und da fiel ihm ein Ochse ein, den er Þórr geweiht hatte, als er noch ein Kalb war. Nun erwachte Þórgils und dachte den Ochsen über Bord zu werfen. Er sagte, es sei kein Wunder, daß ihre Fahrt unheilvoll verliefe, solange dies Vieh, das Þórr gehöre, an Bord sei.«
Flóamanna saga (Anf. 14. Jh.), Kap. 20f.

»Hrolf war ein mächtiger Häuptling und machte ein sehr großes Haus. Er verwaltete auf der Insel [Mostr in Norwegen] einen Þórstempel und war ein großer Þórsfreund. Deshalb nannte man ihn Þórólf ... Þórólf Mostrbart veranstaltete ein großes Opfer und fragte seinen geliebten Freund [ástvin] Þórr um Rat, ob er sich mit dem Könige vertragen oder aus dem Lande ziehen solle ...
Þórhall war verschwunden, und man ging aus, ihn zu suchen. Das währte im ganzen drei Tage. Am vierten entdeckten Þórfinn und Bjarni den Þórhall auf einer Felsenklippe. Er starrte in die Luft, sperrte Augen, Mund und Nase auf und kaute und kratzte sich mit den Nägeln. Dabei schwatzte er vor sich hin. Sie fragten, was er anstelle. Er erwiderte, das ginge sie nichts an. Sie sollten sich nicht weiter wundern. Er sei ja alt genug, daß ihn andere nicht zu betreuen brauchten. Sie baten ihn mit ihnen heimzugehen, und das tat er denn auch. Bald darauf trieb ein Wal dort an. Da eilten die Männer herbei und zerlegten ihn. Indes trat Þórhall hinzu und sagte: „Zeigte sich der Rotbart nicht zuverlässiger denn euer Christus? Das bekam ich für mein Lied, das ich auf Þórr dichtete, meinen Schutz- und Trutzgott. Noch selten ließ mich dieser im Stich".«
Eyrbyggja saga (ca. 1350), Kap. 3f u. 7.

»Val hatte zwei Söhne namens Kött und Kisi, die große, starke Männer waren. Val hatte sich nun Karelien unterworfen und Svidi erschlagen; er hatte so viele Schätze zusammengerafft, daß niemand ihren Geldwert angeben konnte, und zwar hatte er es vom Riesen Svadi, der in dem Berg Blesanergr nördlich des Eismeers wohnte. Svadi war der Sohn des Asengottes Thor.«
Hálfdanar saga Eysteinssonar (frühes 14. Jh.), Kap. 26.

»Doner dutiger diet mahtiger [Donar, Erschaller, Volksmächtiger].«
»Donerdutigo dietewigo [Donar, Erschaller, Volksweiher].«
Althochdeutsche Zaubersprüche gegen Fallsucht (11. und 12. Jh.).

Kapitel 19

Fro (Freyr)

»Wenn aber der Mensch nicht bereit ist, sich dem Urteil des Bischofs zu unterwerfen, was er wiedergutmachen soll, so soll er vor uns gebracht werden, im Gedächtnis das Beispiel habend, welches gemacht wurde im Falle der Unzucht, den Fricco [Freyr] im Tempel begangen hat.«
Karl der Große, Capitulare (von 802), II, 33.

»Freyr und Njörð den Freund begabten,
Den kühnen Recken, mit großem Reichtum.«
Egill Skallagrímsson, Arinbjarnarqviða (zw. 934 und 962 entstanden), 17.

»Óðinn machte Njörðr und Freyr zu Opferpriestern [blótgoða], und sie wurden „Díar" unter dem Volk der Ásen … Er gab den Tempelpiestern [hofgoðar] Wohnsitze. Njörðr wohnte in Nóatún und Freyr in Uppsala … Nach Njörð bekam Freyr die Herrschaft. Er wurde Herrscher der Schweden [dróttin yfir Svíum] genannt, und diese zahlten ihm Königsabgaben. Er war allbeliebt und an Glücksjahren [ársæll] reich wie sein Vater. Freyr errichtete eine große Tempelstätte in Uppsala. Dorthin verlegte er auch seine Hauptstadt und ließ in diese Abgaben von Land und losen Geldern fließen. Damals begann der „Reichtum von Uppsala" [Uppsalaauðr], der seitdem immer anhielt. Zu seiner Zeit fing der Fróði-Friede an, und damals gab es auch fruchtbare Jahre [ár] durch alle Lande. Das schrieben die Schweden Freyr zu, und deswegen verehrte man ihn mehr als die anderen Götter, weil zu seiner Zeit das

Volk im Lande reicher wurde als je zuvor, infolge des Friedens und des guten Jahrwuchses. Gerðr, die Tochter Gymirs, war sein Weib. Beider Sohn hieß Fjölnir. Ein anderer Name Freys war Yngvi. Der Name Yngvi wurde noch lange danach in seinem Geschlecht als Ehrenname gebraucht, und seine Nachkommen nannten sich danach Ynglinge.
Nun wurde Freyr krank, und als seine Krankheit schlimmer wurde, berieten sich seine Leute untereinander und ließen nur wenig Volks zu ihm. Sie errichteten einen großen Grabhügel und machten eine Tür daran und drei Fenster. Und als Freyr tot war, trugen sie ihn heimlich in den Hügel und sagten den Schweden, er sei noch am Leben. Sie verwahrten ihn dort drei Jahre, sie schütteten aber alle Abgaben in den Grabhügel, durch ein Fenster das Gold, durch das zweite das Silber und durch das dritte die Kupfermünzen. So dauerten Frieden und Fruchtbarkeit [ár ok friðr] weiter ... Da nun alle Schweden wußten, daß Freyr tot war, aber doch Friede und Fruchtbarkeit blieb, glaubten sie, das würde weiter währen, solange Freyr in Schweden bliebe und wollten ihn nicht verbrennen. Sie nannten ihn „Weltgott" [veraldargoð] und brachten ihm zumeist immer weiter Opfer um Frieden und fruchtbare Jahre [til árs ok friðar].«
Heimskringla (nach 1230), Ynglinga saga Kap. 4F, 10.

»[Þórkel ruft Freyr an:] „Freyr", sagte er, „der du lange mein Schutzfreund gewesen bist und hast viele Gaben von mir angenommen und mir wohl gelohnt".«
Víga Glúms saga (Mitte 13. Jh.), Kap. 9.

»Bevor aber Glúm von Hause aufbrach, träumte er, daß viele Leute nach Querach gekommen waren, den Freyr aufzusuchen und er glaubte, eine große Zahl Männer auf den Uferstrecken am Flusse zu sehn, Freyr aber saß auf einem Stuhle. Glúm fragte, wer die Ankömmlinge wären. Sie sagten: „Wir sind deine verstorbenen Ver-

wandten, und wir bitten jetzt Freyr, das du nicht aus dem Querachlande vertrieben wirst. Aber es nützt nichts, und Freyr antwortet kurz und zornig und gedenkt jetzt des Ochsen, den ihm Þórkel der Hohe schenkte". Da erwachte Glúm und er äußerte, in Zukunft werde er dem Freyr weniger hold sein.«
Víga Glúms saga (Mitte 13. Jh.), Kap. 26.

»Und als Odd sich zum Wegzug rüstete, ließ er einen Stier schlachten und kochen. Und den ersten Ziehtag, als Odd zum Aufbruch fertig war, ließ er längs der Bänke Tische aufstellen, und das ganze Geschlachtete vom Stier wurde aufgetragen. Dann ging Odd hinzu und hielt eine Rede: „Hier ist nun der Tisch sorgsam zugerichtet, so wie für meine liebsten Freunde. Dieses Mahl gebe ich ganz und gar Freyr, damit er einst den, der an meine Stelle kommt, mit nicht geringerem Harm von Oddstaðir fortziehen lasse als ich jetzt ziehe". Dann zog Odd mit all den Seinigen fort.«
Brandkrossa þáttr (2. Hälfte d. 13. Jh.), Kap. 59.

»Als Hrafnkel in Adalbol [Ostisland] Land genommen hatte, stellte er ein großes Opfer an und ließ dann einen großen Tempel bauen. Hrafnkel liebte keinen Gott mehr als Freyr; ihm gab er alles, was er an wertvollem Besitz hatte, zur Hälfte zu eigen.«
Hrafnkels saga Freysgóða (2. Hälfte des 13. Jh.), Kap. 2.

»[Þórólfr:] „Das gehört sich nicht, daß Hunrod, der wackere Mann, ganz arm geworden sein soll, und das nur um unseretwillen, und sein Knecht Skum reich wie Niörðr geworden sein soll".«
Vatnsdœla saga (zwischen 1260 und 1280 entstanden), Kap. 47.

»Es geschah auch etwas, was viele Leute für etwas nie Dagewesenes hielten; niemals blieb der Schnee auf der Südseite von Þórgrims Grabhügel liegen, noch fror es dort; und darum meinten die Leute,

Þórgrim sei seiner Opfer wegen ein solcher Liebling Freys gewesen, daß der nicht zuließ, daß es zwischen ihnen fröre. [Freyr steht hier im Zusammenhang mit der Sonnenwärme]«
Gísla saga Súrssonar (Mitte 13. Jh.), Kap. 18.

»Özur war der Vater des Freysgóden Þórd.«
Landnámabók (zwischen 1275 und 1280 zusammengestellt), 265.

»Laugarbrekka-Einar wurde wurde nicht weit von Sigmunds Grabhügel begraben, und sein Hügel ist jimmer grün, Winters und Sommers.«
Landnámabók (zwischen 1275 und 1280 zusammengestellt), II, 3 (86).

»Der König [Ólaf Tryggvason] sagte: „Worin zeigte er [der Gott Freyr] euch seine Macht?" Sie antworteten: „Darin, daß er oft mit uns sprach und zukünftige Dinge voraussagte und uns gutes Jahr und Frieden [ár ok frið] gewährte".«
Ólafs saga Tryggvasonar hin mesta (Ende 13. Jh.), Kap. 323.

»Beide waren die Kinder des Freysgoden Þórd: Kol und Starkaðr.«
Flóamanna saga (Anf. 14. Jh.), Kap. 18.

Kapitel 20

Weissagerinnen

»Da war Þórhild draußen, sie hatte den Rock in die Strümpfe gesteckt, hatte einen Helm auf dem Kopfe und eine Axt in der Hand. Sie sagte: „Komm jetzt mit mir, Gudmund!" Sie ging hinab zum Fjorde und war recht stattlich anzuschaun. Sie watete hinaus in die Furten und schlug mit der Axt in die See; und dem Gudmund war, als habe das keine Wirkung. Dann kam sie zurück und sagte: „Ich glaube nicht, daß jemand versuchen wird, Blutrache an dir zu nehmen, und du wirst dein Ansehen bewahren können". Gudmund sagte: „Nun wollte ich, daß du erführest, ob meine Söhne der Rache entgehen werden". Darauf watete sie in die Furten hinaus; und wieder schlug sie in die See, und davon entstand großes Getöse, und die See wurde ganz blutig. Da sprach sie: „Ich meine, Gudmund, daß es einem deiner Söhne schlimm ergehen wird. Doch werde ich nun nicht öfter die Probe anstellen, denn das kostet mich durchaus nicht wenig; und es werden weder Drohungen noch Bitten etwas nützen".«
Ljosvetninga saga með þáttum (14. Jh.), Kap. 21.

»Es zog eine Frau durch die Landschaft namens Oddbjörg, die war lebenslustig, kenntnisreich und zukunftskundig. Die Hausfrauen in der Gegend waren eifrig, sie gut aufzunehmen; sie weissagte ziemlich willkürlich, je nachdem die Bewirtung ausfiel.«
Víga-Glúms saga og Ingólfspáttur (Mitte 13. Jh.), Kap. 12.

»Nun war eine Völva gekommen, namens Heid; König Fróði bat

Abb. 20: *Grab einer Zauberin (Völva), am Zauberstab erkennbar. Grab 4 von Fyrkat, Hobro, Dänemark. 980 u. Zt. Zeichnung Þórhallúr Þráinsson.*

sie, ihre Geschicklichkeit zu gebrauchen und anzuzeigen, was sie in betreff der Knaben sagen könnte; er richtete eine treffliche Mahlzeit für sie an und setzte sie auf einen hohen Zaubersessel. Der König fragte, was sie für eine Neuigkeit gewahr würde – „denn ich weiß", sagte er, „daß dir vieles offenbar werden wird, und ich sehe nun großes Glück bei dir und antworte mir so schnell wie möglich!" Die Zauberin schlug da ihre Kinnladen auseinander und gähnte sehr, und dieser Sang kam ihr auf die Zunge: ... «
Hrólfs saga kraka ok kappa hans, (14. od. 15.Jh.), Kap. 3.

»Eine Frau war da in der Siedlung [in Grönland] namens Þórbjörg. Sie war eine Seherin, genannt die kleine Völva. Sie hatte neun Schwestern gehabt und alle waren Seherinnen gewesen. Nur sie war noch am

Leben. Þórbjörg ging gewöhnlich im Winter auf Gelage. Man lud sie dazu ein. Besonders die Leute, die über ihr Schicksal oder über den Ausfall des Jahres Bescheid wissen wollten. Da nun Þórkel für den angesehensten Bauer galt, meinte man, an ihm sei es, festzustellen, wann die schlimme Zeit [eine Hungersnot], die jetzt herrsche, ein Ende nehmen würde.

Þórkel lud die Seherin zu sich, und man bot ihr einen festlichen Empfang, wie er einer Frau ihrer Art gebührte. Man errichtete einen Hochsitz für sie und legte ihr Polster unter. In diesen mußten Hühnerfedern sein. Als sie am Abend eintraf mit dem Manne, der nach ihr ausgesandt war, sah sie so aus: Sie trug einen blauen Mantel mit Spangen. Der war bis zum Saum besetzt mit kostbaren Steinen. Um den Hals hatte sie Glasperlen. Auf dem Haupt trug sie eine Haube von schwarzem Lammfell, innen mit weißem Katzenfell gefüttert. In der Hand hielt sie einen Stab mit einem Knauf oben. Der war mit Kupfer eingelegt, oben am

Abb. 21: Grab einer Zauberin (Völva) von Veka, Vangen Sogn, Hordaland, Vikingerzeit. Zeichnung Þórhallúr Þráinsson.

Knauf aber in Steine gefaßt. Um den Leib hatte sie einen Gürtel mit Zündschwamm, und daran hing ein großer Lederbeutel, in dem sie die Zaubermittel trug, die sie für ihre Weissagung benötigte. Sie hatte an ihren Füßen zottige Kalbfellschuhe mit langen und starken Riemen sowie großen Messingknöpfen an deren Enden. An den Händen aber Handschuhe aus Katzenfell, die innen weiß und zottig waren.

Als sie eintrat, dünkte allen Leuten, sie müßten sie ehrfürchtig grüßen. Sie aber erwiederte diese Grüße, je nachdem ihr die Männer gefielen. Bauer Þórkel nahm die Weissagerin an der Hand und geleitete sie an den für sie errichteten Hochsitz. Dann bat Þórkel sie ihre Augen über „Herden, Haushalt und Häuser" schweifen zu lassen. Sie sprach so gut wie gar nicht. Am Abend stellte man Tische hin, und es ist dabei zu berichten, was die Seherin für Speise erhielt. Man setzte ihr vor Grütze aus Geismilch, und für sie waren zum Essen zugerichtet die Herzen all der verschiedenen Tiere, die es dort gab. Sie hatte einen Messinglöffel und ein Messer mit einem Griff aus Walroßzahn, an diesem zwei Kupferringe. Die Spitze war abgebrochen. Als man die Tische wieder fortgeschafft hatte, ging Bauer Þórkel zu Þórbjörg und frug sie, was sie über das Hauswesen und über die Art der Männer dort denke und ob er bald Gewißheit bekommen würde über das, wonach er sie früge, und was alle gern wissen wollten. Sie sagte, sie könne das nicht vor dem nächsten Morgen enthüllen, nachdem sie eine Nacht durch geschlafen habe.

Dann, am Ende des folgenden Tages erst, richtete man alles für sie her, was sie für ihren Zauber brauchte. Sie hieß ihr Frauen herbeiholen, die das Lied wüßten, das ihr nottäte, um ihren Zauber zu Ende bringen zu können, und das „Varðlokkur" [Seelen-locker, Schutzweisen] hieße. Solche Frauen fanden sich aber nicht. Da frug man den ganzen Hof durch, ob es nicht eine wisse. Gudrid sagte da: „Ich bin weder zauberkundig noch eine Seherin, aber meine Ziehmutter Halldis auf Island lehrte mich ein alt Lied, das sie

‚Varðlokkur' nannte". Þórbjörg erwiderte: „So bist du klüger denn ich dachte". Gudrid sagte: „An solchem Sang und Zauber wie hier, denk ich, darf ich nicht teilhaben, denn ich bin eine Christin". Þórbjörg erwiderte: „Es steht doch so, daß du den Leuten hier helfen könntest und doch dadurch selbst keine schlechtere Frau würdest. Ich muß mich an Þórkel halten, um das zu erhalten, was mir nottut".

Nun setzte Þórkel der Gudrid so heftig zu, daß sie versprach, seinen Wunsch zu erfüllen. Da schlugen die Frauen einen Ring um den Zauberstuhl, auf dem Þórbjörg saß. Dann sang Gudrid das Lied so schön und trefflich, das alle meinten, nie hätten sie eines mit schönerer Stimme singen hören denn hier. Die Seherin dankte ihr für dieses Lied und sagte: „Manche Geister kamen hierher und dachten, wie schön dieses Lied doch zu hören gewesen wäre, – solche, die sich früher von mir abgewandt hatten und mir nicht mehr gehorchen wollten. Jetzt seh' ich viele Dinge deutlich vor mir, die bislang mir wie allen andern verborgen waren. Dir Þórkel kann ich jetzt künden, daß das Hungerjahr nicht länger wären wird denn bis zum Winter ... Darauf gingen die Leute zur Seherin, und ein jeder frug nach dem, was er am meisten zu wissen wünschte. Sie war gern bereit zur Antwort. Es ging auch richtig in Erfüllung, was sie sagte. Dann sandte man nach ihr von einem andern Hof, und sie ging dorthin.«
Eiriks saga rauða (frühes 13. Jh.), Kap. 3.

»Ingjald und die Seinen rüsteten dort einen Zauber nach der Sitte der Vorzeit, daß die Leute nach ihrem Geschicke forschen konnten. Da war ein zauberkräftiges Finnenweib gekommen. Ingimund und Grím erschienen beim Gelage mit großem Gefolge. Der Finnin war ein hoher Sitz bereitet, und der war feierlich geschmückt. Dorthin traten die Männer zur Frage, ein jeder von seinem Platze, und forschten nach ihrem Schicksal. Sie weissagte jedem, wie es sich traf, aber recht verschieden war es, wie's jedem gefiel. Die Ziehbrüder saßen auf ihren Plätzen und gingen nicht zur Frage; sie kümmerten sich auch gar nicht um ihre Weissagungen. Die Seherin sprach: „Warum forschen jene jungen Männer nicht nach ihrem Geschick? Die dünken mich doch die vornehmsten von denen, die hier zusammengekommen sind". Ingimund erwiederte: „Mir liegt nichts daran, mein Geschick im voraus zu wissen, und ich glaube, mein Schicksal ruht nicht unter deiner Zungenwurzel". Sie erwiderte: „Ich werde es dir dennoch ungefragt sagen [sie erzählt, daß er nach Island fahren werde, er glaubt es ihr nicht]. Die Finnin entgegnete: „Dies wird geschehen, wie ich's sage. Und das nimm zum Zeichen, daß das Los aus deinem Beutel verschwunden ist, daß dir König Hárald im Bocksfjord geschenkt hat; es liegt in dem Walde, in dem du wohnen sollst. Auf dem Los ist Freyr in Silber eingezeichnet". [Er glaubt ihr immer noch nicht, findet aber sein Los nicht mehr. Später will er es suchen lassen:] Er sandte nach Finnen, und drei kamen aus Norden. Ingimund sagte, er wolle einen Handel mit ihnen schließen: „Ich will euch Butter und Zinn geben, ihr aber fahret eine Botenfahrt für mich nach Island, mein Los zu suchen und mir von des Landes Art zu berichten". Jene antworteten: „Eine gefährliche Sendung ist das für die Boten, aber da du es forderst, wollen wir es versuchen. Nun sollst du uns zusammen allein in einem Hause einschließen und kein Mensch rufe uns beim Namen". Und so geschah's. Und als drei Nächte verstrichen waren, ging Ingimund zu ihnen. Die sprangen auf und atmeten schwer und sprachen: „Arbeit ist's den Boten, und große Mühe haben wir gehabt. Aber wir kommen doch wohl mit solchen Wahrzeichen, daß du das Land erkennen wirst, wo du hinkommst nach unserer Beschreibung. Aber schwer war es uns, das Los zu suchen, und viel vermögen die Zauberworte der Finnin: Denn wir haben uns in große Not begeben ... da in einem Wäldchen lag das Los. Und als wir es ergreifen wollten, da schoß es in ein anderes Gehölz, und so

sprang es immer fort, wenn wir danach griffen, und ein Schleier lag beständig darüber, so daß wir es nicht fassen konnten, und du wirst selber fahren müssen".«
Vatnsdœla saga (zwischen 1260 und 1280 entstanden), Kap. 10.

»Die Wahrsagerin Heid weissagte ihnen allen, sie würden sich in dem Lande ansiedeln, das unentdeckt westwärts im Meere liege. Aber Ingimund erklärte, er würde das Gegenteil tun. Die Wahrsagerin sagte, das würde er nicht können, und gab als Wahrzeichen an, daß ein Amulett aus seiner Tasche verschwinden und sich erst wiederfinden würde, wenn er in jenem Lande seine Hochsitzsäulen eingraben würde ... Ingimund gefiel es nirgends; da redete ihm der König zu, sein Glück auf Island zu suchen. Ingimund erklärte, das habe er eigentlich nicht gewollt, sandte aber doch zwei Finnen auf Zauberfahrt nach Island nach seinem Amulett; das war ein aus Silber gearbeitetes Freysbildnis. Die Finnen kamen zurück; sie hatten das Amulett gefunden, es aber nicht bekommen können. Sie wiesen Ingimund nach einem Tal zwischen zwei Wäldchen und beschrieben ihm, wie die ganze Gegend beschaffen war, wo er sich ansiedeln sollte.«
Landnámabók (zwischen 1275 und 1280 zusammengestellt), III, 2.

»Eine Frau wurde Heið genannt, sie war eine Seherin und Zauberin und wußte durch ihre Zauberkunst von ungeschehenen Dingen. Sie fuhr zu Festen weit im Land umher, dorthin, wo die Bauern sie einluden. Sie sagte den Menschen ihr Schicksal und die Witterungsverhältnisse und andere Dinge voraus. Sie hatte dreißig Leute bei sich: fünfzehn Jungen und fünfzehn Mädchen. Es war ein großes Gefolge [raddlið], weil dort viele Zauberlieder gesungen werden sollten, wo sie sich aufhielt. Es trug sich so zu mit ihrer Reise, daß sie auf einem Fest in der Nähe Ingjalds war ...
Ingjald sprach: „Ihr sollt die Seherin hierher zum Fest einladen" ...

Ásmund geht nun mit noch vier Männern und lud die Seherin nach Berurjóðr ein. Sie empfing ihn wohlwollend und sagte, daß sie kommen würde, und am selben Abend traf sie mit ihrem ganzen Gefolge ein. Ingjald geht ihr mit großer Mannschaft entgegen und führt sie in die Halle, und dort wird ein gutes Gastmahl bereitet. Odd hielt sich in einem der kleinen Räume auf und wollte Heið weder sehen, noch mit ihr zusammentreffen. Ingjald und die Seherin hatten in der Nacht einen großen Zauber vor. Sie ging zu der Zeit mit ihren Leuten hinaus, um den Zauber auszuüben, als die anderen schlafen gingen. Am Morgen danach ging Ingjald zu Heið, um Auskunft über das Orakel zu holen und fragte, wie der Zauber verlaufen sei. „Das glaube ich", sagt sie, „daß ich gewiß die Dinge erfahren habe, die für dich von Bedeutung sind, und die du mich gebeten hast, zu erfragen". „Dann nehmen wir unsere Plätze ein, und jeder wird für sich das Orakel befragen" ... Da kam das ganze Volk dorthin, und sie sagte jedem, was ihr unterbreitet worden war. Alle dort waren sehr zufrieden ...
[Odd will nichts über sein Schicksal wissen und droht der Seherin mit Schlägen] Er springt au,f als er das sagte, und schlägt mit der Rute auf die Nase der Frau, so daß sofort Blut auf der Erde war. Sie rief und ließ ihre Kleider bringen: „Ich möchte so schnell wie möglich fort. Ich bin noch nie zuvor irgendwohin gekommen, wo Männer nach mir geschlagen haben – außer hier".
Ingjald sprach: „Nimm für drei Nächte Bewirtung bei mir an, wie es beabsichtigt war, und dann werde ich dich beschenken [bezahlen]". Heið sagte dann: „Rücke du nur solche Geschenke heraus, wie du willst, für das Benehmen dieses Mannes, trotzdem werde ich unverzüglich mit meinem Gefolge fortgehen". Es geschah so, wie sie es wollte. Sie bekam vom Hausherrn Ingjald die Geschenke und verließ sofort das Fest«.
Örvar-Odds-Saga (2. Hälfte des 13. Jh.), Kap. 2, 9.

Kapitel 21

Verwandlungszauber

»König Hárald ließ einen Zauberer in verwandelter Gestalt nach Island fahren um zu sehen, was er ihm von dort erzählen könnte, und jener fuhr dorthin in der Gestalt eines Walfisches. Und als er nach Island kam, da fuhr er westwärts um das Nordland herum. Er sah, wie alle Berge und Hügel voll großer und kleiner Landwichte waren. Und als er vor die Waffenföhrde kam, fuhr er in diese Bucht hinein und wollte an Land gehen. Da schoß talabwärts ein mächtiger Drache und ihm folgten gar viele Schlangen, Kröten und Eidechsen und die bespieen ihn mit Gift ... Da [in der Breitföhrde] stürzte ihm entgegen ein großer Stier, der watete in die See hinaus und erhob ein fürchterliches Gebrüll. Eine Menge Landwichte aber kamen hinter ihm drein ... Da [in Skeid] kam ihm aber ein Bergriese entgegen. Der trug einen eisernen Stock in der Hand, und sein Haupt war höher als die Felsen, und viele andere Jöten kamen hinter ihm drein.«
Heimskringla (nach 1230), Ólafs saga Tryggvasonar, Kap. 33.

»König Hárald gebot einem zauberkundigen Manne, in verwandelter Gestalt nach Island zu fahren und zu sehen, was er dem König von dort erzählen könne. Der fuhr in Walsgestalt um das Land herum und erzählte danach dem König, daß viele übernatürliche Wichte das Land bewohnten, aber ein so großes Meer sei zwischen den Ländern, daß man es nicht einmal mit Langschiffen befahren könne. «
Knýtlinga saga (Mitte 13. Jh.), Kap. 3.

»Da sahen Hjörvard und seine Mannen, daß ein großer Bär vor König Hrólfs Mannen herging, und immer dicht vor dem Könige selbst; er schlug mehr Männer mit seiner Tatze nieder als fünf andere von den Kämpen des Königs zusammen; ... Hjalti sah sich um, gewahrte seinen Gefährten Bödvar nicht ... Hjalti stürmte darauf heim nach der Herberge des Königs und sah, wie Bödvar untätig dasaß. „Ich sage der Wahrheit gemäß, daß ich jetzt in vielen Dingen dem Könige weniger Beistand gewähren kann, als bevor du mich von hier fortriefst" ... Nach dieser Anreizung Hjaltis stand Bödvar auf und ging zum Kampfe hinaus, aber der Bär war aus König Hrólfs Heere verschwunden, und der Kampf begann für sie beschwerlich zu werden. Denn die Königin Skuld, die in ihrem schwarzen Zelte auf ihrem Zaubersessel saß, hatte mit ihren Zauberkünsten nicht herankommen können, so lange der Bär in König Hrólfs Heere war. Jetzt aber änderte es sich so, wie wenn dunkle Nacht auf hellen Tag folgt. König Hrólfs Mannen sahen, wie aus König Hjörvards Heer ein ungeheurer Eber hervorbrach; er war von Ansehen nicht kleiner als ein dreiwintriges Stück Hornvieh und wolfsgrau von Farbe; ein Pfeil flog aus jeder von seinen Borsten und warf die Gefolgsleute König Hrólfs auf diese wunderbare Weise in Haufen nieder.«
Hrólfs saga kraka og kappa hans (14. od. 15. Jh.), Kap. 33.

»Danach sammelte sich nun für König Hertnid ein großes Heer. Seine Frau Ostacia ging hinaus und rührte ihren Gandr. Das nennen wir: Sie ging hinaus zu zaubern, wie es in heidnischer Zeit geschah, daß zauberkundige Frauen, die wir Völven nennen, Zauberei trieben. Ostacia verstand so viel von Zauberei und Trollkunst, daß sie viele Tiere um sich zauberte: Löwen, Bären und große Flugdrachen. Sie zähmte sie alle, bis sie ihr gehorchten und sie ihnen den Weg gegen ihre Feinde zeigen konnte.«
Þiðriks saga af Bern (Mitte 13. Jh.), Kap. 4.

»Die Brüder hatten kaum die Reede verlassen, als neben dem Schiff ein Walroß auftauchte. Kormák warf einen Hakenspeer auf das Tier. Er traf es, so daß es untersank. Die Männer erkannten in seinen Augen die der Zauberin Þórveig. Das Waltier kam seitdem nicht wieder zum Vorschein, aber von Þórveig hieß es, sie läge todkrank, und alle Welt sagte, sie sei von dem Schuß gestorben.«
Kormáks saga Ögmundarssonar (Anf. 13. Jh.), Kap. 18.

»Egil sagte, noch sei nichts gedichtet. Er sprach: „Eine Schwalbe hat hier am Fenster gesessen und die ganze Nacht gezwitschert, so daß ich keine Ruhe habe finden können". Da ging Arnbjörn heraus zu der Tür, die von außen den Aufstieg am Hause ermöglichte, und setzte sich an das Fenster des Obergemaches, wo vordem der Vogel gesessen hatte. Da sah er, wie eine Zauberin weg vom Hause fuhr.«
Egils saga Skallagrímssonar (um 1230), Kap. 59.

»Aber das erzählen einige Leute, daß diese Wölfin König Siggeirs Mutter gewesen sei, und daß sie diese Gestalt angenommen habe durch Hexerei und Zauberkunst.«
Völsunga saga (Mitte 13. Jh.), Kap. 5.

»Am Morgen aber ritten sie [Þóarinn und Arnkel und ihr Gefolge] nach Höh, und ihre Fahrt wurde von dort aus beobachtet. In Höh war kein Mann daheim außer Odd. Katla saß auf der Frauenbank und spann Garn. Sie hieß Odd sich zu ihr setzen – „verhalte dich ganz ruhig" ... Arnkel sagte, er habe nichts zu erzählen und forschte, wo Odd wäre. Katla sprach: „Er ist nach Süden zur Breitbucht geritten" ... Nun durchsuchten sie das ganze Gehöft und fanden Odd nicht. Darauf gingen sie wieder von dannen. Als sie aber nicht weit vom Gehöft waren, stand Arnkel still und sprach: „Hat Katla nicht auch etwa unsere Augen geblendet, und war das nicht viel-

leicht ihr Sohn Odd, der dort uns wie ein Spinnrocken erschien?"
„Das sähe ihr durchaus ähnlich", versetzte Þóarinn, „kehren wir noch einmal um" ... Da beide [Katla und Odd] aber aus der Stubentür heraus waren, ging Katla in den Gang gegenüber der Haustür, kämmte ihren Sohn Odd und schor ihm das Haar. Arnkel und seine Leute traten in die Tür und sahen, wie Katla sich mit einem ihrer Böcke zu tun machte, ihm Haar und Bart schlichtete und das verfilzte Fell glattstrich. Arnkel und seine Leute gingen nun in die Stube und sahen nichts von Odd. Der Spinnrocken aber lag auf der Bank ... Sie gingen wieder hinaus und zogen fort. Als sie aber an der Stelle waren, wo sie vorher umkehrten, sprach Arnkel: „Glaubt ihr nicht, daß Katlas Bock vielleicht Odd war?" ... So kehrten sie noch einmal um. Als man sie aber kommen sah, hieß Katla den Odd mit ihr gehen, und als sie aus der Haustür waren, schritt sie zum Aschenhaufen. Sie forderte Odd auf, sich unten an diesem niederzulegen ... Darauf gingen Arnkel und seine Leute und suchten Odd drinnen und draußen. Sie fanden aber nichts Lebendes außer einem Eber, den Katla im Hofe hielt und der unten am Aschenhaufen lag. Da gingen sie fort. Nachdem sie wieder umkehrten: Da sagte Katla: „Sollte gar die Hexe Geirrið gekommen sein! Dann ist es mit Augenblendung allein nicht mehr getan!"«
Eyrbyggja saga (ca. 1350), Kap. 50.

»Da sagte Hörð: „Tut was ich euch sage; es ist hier nicht alles, wie es aussieht". Nun kamen sie auf den Hof ... Skroppa schloß alle Gebäude auf. Sie wirkte einen Blendzauber, so daß auf der Bank, auf der sie saßen, drei Kasten zu stehen schienen. Die Leute Hörðs sprachen davon, die Kasten zu zerschlagen; aber Hörð verbots ihnen ... Da sahen sie, wie eine Sau mit zwei Ferkeln aus dem Hof gelaufen kam. Sie vertraten ihr den Weg. Da wars, als käme ihnen eine große Schar von Männern entgegen, mit Spießen und in voller Rüstung; und dabei winkten die Sau und die Ferkel jenen mit den

Ohren. Geir sagte: „Gehen wir zum Schiff; denn wir sind hier in der Minderzahl". Aber Hörð sagte, er sei nicht dafür, so ganz ohne Versuch wegzulaufen. Damit hob er einen schweren Stein auf und warf die Sau zu Tode. Und als sie zu ihr hinkamen, sahen sie, daß da Skroppa tot lag, und über ihr standen die beiden Töchter des Bauern, die vorher als Ferkel erschienen waren. Jetzt, sobald Skroppa tot war, sahen sie, daß es eine Viehherde war, die ihnen entgegenkam, und keine Männer.«
Harðar saga Grímkelssonar ok Geirs (13. Jh.), Kap. 26.

»Ein Bauer war Svip geheißen; er wohnte in Schweden fern von andern Menschen; er war sehr reich an Vermögen und war einst ein berühmter Kämpe gewesen; er war nicht immer da, wo man ihn sah, und war sehr zauberkundig.«
Hrólfs saga kraka og kappa hans (14. od. 15. Jh.), Kap. 14.

»Die Leute meinen, Gunnhild habe Geir mit ihrer Zauberei nach Norwegen gezogen.«
Harðar saga Grímkelssonar ok Geirs (13. Jh.), Kap. 18.

»Er [König Fróði] verhieß denen große Gaben, die ihm etwas über die Knaben melden konnten, aber denen allerlei Martern, die sie verborgen hielten, wenn es einmal an den Tag käme, aber keiner konnte dem König etwas von ihnen sagen; da ließ er Völven und weise Männer aus dem ganzen Lande zusammenholen und ließ sie das Land durchforschen, auf und nieder, die Inseln und die Klippen, und sie wurden nicht gefunden; und jetzt ließ er Zauberer holen, die durch ihre Künste alles aufspüren konnten, wenn sie wollten, aber sie sagten ihm, daß sie nicht in dem Lande erzogen würden, und doch wären sie nicht fern von dem Könige. König Fróði sagte: „Weithin haben wir nach ihnen geforscht, und es scheint mir das am wenigsten zu erwarten, daß sie hier in der Nähe seien; aber

eine Insel liegt hier in der Nähe, die wir nicht sorgfältig durchsucht haben, und auf ihr ist fast keine Wohnung, außer daß da nur ein einziger, armer Greis wohnt". „Forschet dorthin zuerst!" sagten die Zauberer, „denn großer Nebel und Dunkelheit liegt über dieser Insel, und unser Blick dringt nicht dorthin in das Heim dieses Alten, und wir halten ihn für schlau und glauben, er kann sich unsichtbar machen"._«_
Hrólfs saga kraka ok kappa hans (14. od. 15. Jh.), Kap. 1f.

»Þórmód war den Leuten wenig nach dem Sinn. Er war damals schon etwas in Jahren. Man erzählte sich von ihm, er könne die Gestalt wechseln, und niemand hatte gern mit ihm zu tun.«
Hávarðar saga Ísfirðings (Mitte 13. Jh.), Kap. 1.

»Es wird erzählt, daß einmal, als Signy in ihrem Frauengemach saß, zu ihr ein überaus zauberkundiges Hexenweib kam. Da redete Signy mit ihr: „Ich wollte, daß wir die Gestalten vertauschten". Die Zauberin sagte: „Du hast darüber zu bestimmen". Darauf richtete sie es mit ihren Künsten so ein, daß sie die Gestalten vertauschten; die Zauberin setzte sich auf ihren Rat an Signys Platz und legte sich abends zu dem König ins Bett, und er merkte nicht, daß Signy nicht bei ihm war ... Darauf begab sie sich zu der Zauberin und bat, daß sie die Gestalten wieder austauschten, und so tat sie.«
Völsunga saga (Mitte 13. Jh.), Kap. 7.

»Þórkel Silbern vom heiligen See war ein Gestaltentauscher und obendrein zauberkundig.«
Vatnsdœla saga (zwischen 1260 und 1280 entstanden), Kap. 42.

»Þórvald hieß ein Mann, mit dem Zunamen Häckselbart ... Er galt für einen großen Bösewicht und man sagte, er verändere seine Gestalt ... Die Tür des Hofes war geschlossen. Þórvald war drinnen

und machte Fett aus Knochemark. Álf rief laut: „Häckselbart, bist du drinnen? Mach die Tür auf!" Er sagte: „Hier kommt ihr nicht herein!" Álf antwortete: „Dann tust du irgend etwas Schlimmes. Ein Bösewicht bist du, wie alle sagen, und wechselst deine Gestalt. Ein Troll bist du, wenn du auch wie ein Mann aussiehst!" Das ließ er sich nicht sagen, sprang hinaus und packte mit jeder Hand einen der Burschen. Er schlug sie gegen einen Stein, daß das Gehirn daran spritzte.«
Finnboga saga ramma (14. Jh.), Kap. 29.

Kapitel 22

Unsichtbarkeitszauber

»„Drum meinen wir, daß Gudmund fest auf seinem Friedensstuhl sitzt". Önund antwortete: „Mag sein, daß er jetzt darauf sitzt, aber wenn er aufsteht, so weiß man nicht, wieweit er hinab steigt". Darauf ritt Erlend heim. Im Frühjahr kamen die Knechte in Langalid einmal am hellen Tag herein, um Önund irgendein Anliegen vorzutragen. Aber sie sahen ihn nicht. Das ging dreimal so, und er saß doch auf seinem Platz [dem Friedensstuhl].«
Gudmundar saga dýra eða Önundarbrennu saga (nach 1212), Kap. 4.

»Da waren die Gebäude eingefallen und das Feuer so ziemlich unter der Asche verglommen. Odd ritt zu einem der Gebäude, das nicht ganz verbrannt war. Er reckte sich nach einem Birkenbalken und zog ihn mit einem Ruck aus dem Gebäude, ritt alsdann, dem Sonnenlauf entgegen, mit dem lohenden Brande um die Häuser und sprach: „Hier nehm ich mir Land, dieweil ich hier nun keine bewohnte Heimstätte sehe. Es sollen's hören, die als Zeugen zugegen sind!" Darauf spornte er sein Pferd und ritt davon. Da sprach Herstein: „Was ist jetzt zu tun? Dies hat sich nicht gut bewährt!" Þórbjörn sagte: „Schweig jetzt, wenn du kannst, was auch geschehen mag!" Herstein bemerkte, er habe doch gewiß nicht zu viel gesagt ...
Auf einmal verschwand der alte Þórbjörn. Herstein schaute nach dem Gehöft hin: Er sah die Kammer offen stehen und die Habe heraustragen, aber Menschen sah er keine ... Danach wurden die Lasten auf die Pferde gehoben, alles setzte sich in Bewegung. Her-

stein ging hinterher und sah, daß der alte Þórbjörn die Herde trieb.«
Hœnsa-Þóris saga (um 1260), Kap. 10.

»Gríma hieß Kolbak mitten auf die Bank sitzen und schwang die Hände über seinem Kopf. Nun kam Bersi mit seinen Leuten zu Grímas Hof ... Gríma sagte: „Ich wäre euch nur dankbar und säh' es gerne, wenn ihr ins Haus ginget und unser Heim durchsuchtet. Dann werdet ihr nicht mehr den Verdacht haben, daß wir Mitwisser der schändlichen Tat sind, die Kolbak verübt hat". Nun ging Bersi mit seinen Begleitern in die Stube, und er setzte sich auf die obere Bank. Dort saß er eine Weile, sah aber Kolbak nicht, denn Gríma hatte einen Tarnhelm über ihn gedeckt, so daß ihn die Leute nicht sehen konnten. Bersi ging dann weiter und durchsuchte das ganze Gehöft, konnte ihn aber nirgends finden.«
Fostbrœðra saga (13. Jh.), Kap. 10.

»In derselben Nacht nun, in der Þórdis mit ihren Begleitern unterwegs war, hieß es, habe Gríma sehr unruhig geschlafen. Þórmód sagte, Gamli sollte Gríma aufwecken. Gamli erwiderte: „Gríma will niemals, daß man sie weckt, denn oft wird sie im Schlafe solcher Dinge gewahr, die für sie von Wichtigkeit sind". Sie brachen nun ihr Gespräch ab, bald aber erwachte Gríma. Da sagte Gamli: „Du schliefst sehr unruhig, Gríma. Hattest du eine Offenbarung?" Gríma antwortete: „Dies ward mir offenbart: Ich weiß jetzt, daß Þórdis aus Langspitz mit fünfzehn Knechten unterwegs ist und uns hier heimsuchen will. Denn sie erfuhr durch ihre Zauberkunst, daß Þórmód sich bei uns aufhält, und sie gedenkt ihn zu töten ..." . Gamlis Weib Gríma hatte einen großen Stuhl. Auf seiner Rücklehne war ein mächtiges Þórbildnis geschnitzt. Gríma sagte nun am Morgen: „Jetzt will ich bestimmen, was heute geschehen soll. Meinen Stuhl stell ich mitten auf den Estrich in die Stube. Auf ihm, Þórmód, sollst du sitzen, wenn die Männer kommen. Ich will nicht, daß du vom Stuhle aufstehst, so lange Þórdis auf dem Hofe ist. Wenn es dir nun auch scheint, als gingen seltsame Dinge vor oder als drohe dir Unfrieden, stehe doch nie von dem Stuhle auf, denn, wenn dir der Tod bestimmt ist, hilft's dir auch nicht dich in den Winkel zu ducken. Gamli soll einen Kessel dann ans Feuer setzen und Seehundfleisch kochen. Kehricht soll auf das Feuer geworfen werden, so daß dicker Rauch das Gemach füllt. Ich werde an der Tür sitzen und Garn spinnen, auch die Ankommenden begrüßen". Es geschah alles nach Grímas Wunsch. Als man Þórkels und Þórdis' Schiffe an Land fahren sah, saß Þórmód auf dem Stuhl. Gamli hatte den Kessel aufgesetzt und Kehricht aufs Feuer geworfen. Da füllte dicker Rauch das ganze Haus und es ward so dunkel, daß man nichts sehen konnte. Gríma saß auf der Schwelle und spann Garn. Sie murmelte dabei etwas vor sich hin, was die andern nicht verstanden ... [Die Gegner kommen:] Sie gingen hinein, um alles zu durchsuchen. Das währte nicht lange, denn das Haus war sehr klein. Sie öffneten die Tür zur Stube, aber diese war ganz voller Qualm, so daß sie nichts Rechtes sahen. Überall war dicker Rauch im Hause, und so blieben sie viel kürzere Zeit drinnen, als sie es getan hätten, wenn kein Qualm im Hause gewesen wäre. Sie gingen nun auf den Hof und durchsuchten alles außerhalb des Hauses. Da sagte Þórdis: „Ich habe vor dem Rauch nicht alles in der Stube deutlich sehen können. Gehen wir noch einmal in die Stube zurück und öffnen wir die Fenster. Lassen wir den Rauch hinausziehen, und sehen dann zu, wie's eigentlich in der Stube ausschaut". Nun gingen Bödvar und Þórdis wieder in die Stube und öffneten die Fenster. Da zog der Rauch hinaus. Jetzt konnten sie alles in der Stube sehen. Sie sahen den Stuhl der Gríma mitten auf dem Estrich stehen und das Bild Þórs mit seinem Hammer, das auf dessen Rücklehne geschnitzt war. Aber Þórmód konnten sie nicht sehen. So verließen sie die Stube und gingen wieder zur Tür. Da sagte Þórdis: „Bei Gríma blieb noch etwas Heidentum zurück. Denn Þórs

Bildnis ist doch in die Rücklehne ihres Stuhles geschnitzt". Gríma antwortete: „Ich komme selten in die Kirche, um die Unterweisungen von Priestern zu hören. Denn ich habe es weit dorthin und zu Hause wenig Bedienung. Oft denk' ich aber darüber nach, wenn ich mir das hölzerne Þórbildnis ansehe, das ich doch in jedem Augenblick zerbrechen oder verbrennen kann, wenn ich will: Wie viel größer muß der sein, der Himmel und Erde geschaffen hat und alle Dinge, sichtbare und unsichtbare, der all diesem Leben gab und den niemand überwinden kann". Þórdis erwiderte: „Mag sein, daß du so denkst, aber ich glaube sicher, man könnte dich eher zwingen, dich zur Wahrheit zu bekennen, wäre nicht Þórkel hier mit seinem großen Gefolge – denn das sagt mir eine innere Stimme: Du weißt ganz gut, wo Þórmód weilt". Gríma antwortete: „Jetzt wird das Sprichwort Wahrheit, ‚Oft irrt, wer etwas ahnt' und jenes zweite: ‚Jedem hilft noch etwas, dem das Ende nicht bestimmt ist'. Aber du solltest Gott und den Heiligen danken, daß der Teufel dich noch nicht zu solchen Schandtaten hat bringen können, wie du sie jetzt gern verübt hättest".«
Fostbrœðra saga (13. Jh.), Kap. 25.

»Vor ihm [Þórir Hund] gingen zwei Männer, die einen Sack zwischen sich trugen, und dessen Inhalt sah wie Asche aus. Þórir senkte die Hand hinein und streute jene über ihre Fußspuren, bisweilen warf er sie auch über die Schar hin. Sie kamen aus dem Walde heraus und wieder in die Ebene. Sie hörten, wie das Heer der Permer hinter ihnen herstürmte unter Lärm und bösem Geschrei. Dann kamen sie hinter ihnen aus dem Walde und von beiden Seiten auf sie zugestürzt. Aber niemals kamen die Permer oder deren Waffen ihnen so nahe, daß es Verwundungen bei ihnen gab. Daran erkannten sie, daß die Permer sie nicht sahen.«
Heimskringla (nach 1230), Saga Ólafs konungs hins helga, Kap. 133.

Kapitel 23

Zauber für den Kampf

»Kormák ging zu Skeggi und bat um [das Schwert] Sköfnung. Skeggi erwiederte ihm: „Du wirst bald sehen, daß schwer damit umzugehen ist. Ein Beutel ist daran, den sollst du ruhig in Frieden lassen. Die Sonne darf nicht oben auf den Griff scheinen. Du darfst es nicht tragen außer zum Kampfe. Wenn du aber zum Kampfplatz kommst, dann setze dich abseits, um es zu zücken. Halte das Schwert vor dich und blase darauf. Dann wird eine kleine Schlange unter dem Griff hervorkriechen. Nun neige das Schwert, daß die kleine Schlange leicht wieder unter den Griff kriechen kann". Kormák sprach: „Ihr habt so manche Kniffe, ihr Zauberer". „Doch wird es dir von Nutzen sein, sie zu kennen", erwiederte Skeggi ... Er setzte sich nieder und ergriff das Schwert. Er achtete nicht darauf, ob den Griff die Sonne beschien, als er es über seinem Gewand umgürtete. Da er es aber herausziehen wollte, vermochte er es nicht eher, als er seinen Fuß darauf setzte. Dann kam die kleine Schlange unter dem Griff hervor, und er verfuhr mit ihr nicht, wie er sollte. So war das Glück von dem Schwert gewichen und unter gräßlichem Knarren ging es aus der Scheide.«
Kormáks saga Ögmundarssonar (Anf. 13. Jh.), Kap. 9.

»Die Pflegemutter Helgas befühlte gewöhnlich die Männer, ehe sie in den Kampf zogen, auf zu gewärtigende Wunden hin. Sie tat dies auch mit Ögmund, bevor er von Hause wegzog, und weissagte ihm, er würde nicht stark mitgenommen werden.«
Kormáks saga Ögmundarssonar (Anf. 13. Jh.), Kap. 1.

»Ein Mann hieß Þórólf. Er wohnte zu Spákonufell, und die Weissagerin Þórdis, die wir früher erwähnten, war seine Frau. Die waren beide auf dem Þing, und gar mancher meinte, Þórdis Hilfe wäre viel wert. So suchte sie auch Þórvard auf und bat sie um Unterstützung gegen Kormák, indem er ihr Geld bot. Þórdis stärkte ihn, soweit sie konnte, für den Holmgang. Kormák sagte seiner Mutter, was er vorhatte. Sie frug, ob er auf Erfolg für sich dabei hoffe? „Warum nicht?" versetzte Kormák. Dalla sprach: „Doch wirst du, wie es jetzt steht, kein Glück haben, denn Þórvard wird kaum kämpfen wollen, ohne daß ihm eine Zauberin hilft! Es scheint mir ratsam, daß du die Weissagerin Þórdis aufsuchst, denn ohne bösen Zauber wird es in dieser Sache nicht abgehen". „Das sagt mir gar nicht zu", erwiederte Kormák. Indes ging er zu Þórdis und bat sie um Hilfe. Sie sprach: „Du bist zu spät gekommen: Ihn verwundet schon keine Waffe mehr. Doch will ich dir meine Hilfe nicht versagen. Bleibe hier zur Nacht. Vielleicht widerfährt dir hier Glück, und ich kann es so einrichten, daß auch dich kein Eisen versehrt".
Kormák blieb nun bei Þórdis die Nacht. Als er aber erwachte, spürte er, daß jemand unter der Decke nach seinem Haupte griff. Er frug, wer da sei. Schon aber war die Erscheinung fort und zur Haustür hinaus, Kormák lief hinterdrein. Da sah er, daß es Þórdis war, und sie stand schon auf dem Platz, der zum Holmgang bestimmt war, und trug unter dem Arm eine Gans. Kormák frug, was das alles solle, aber sie setzte die Gans nieder und sprach: „Kannst du denn nicht still sein?"
Da legte sich Kormák wieder nieder, doch hielt er sich wach, da er wissen wollte, was Þórdis weiter vornähme. Sie kam dreimal im ganzen, und jedesmal versuchte er herauszubekommen, was sie vorhabe. Das dritte Mal, als Kormák herauskam, hatte sie zwei Gänse geschlachtet und das Blut in eine Schüssel rinnen lassen. Sie hatte eben die dritte Gans ergriffen, um sie zu schlachten. Da frug Kormák: „Mütterchen, was soll das bedeuten?" Þórdis sagte: „So

bleibt es doch wahr, Kormák, daß man dir schwer helfen kann. Ich gedachte den Zauber zu brechen, den Þórveig auf dich und Steingerd beschworen hat. Eure Liebe wäre nun endlich glücklich geworden, hätte ich die dritte Gans schlachten können, ohne daß es jemand sah". Kormák erwiederte: „Solch Zeug glaube ich nicht". [Sie kommen auf den Holmgangsplatz:] Þórdis sagte: „Ich kann es so einrichten, daß dich niemand erkennt!" Kormák begann sie zu schelten, und rief, sie verursache doch nur Unglück. Er wollte sie aus der Tür zerren, um ihr beim Sonnenschein in die Augen zu sehen. Sein Bruder aber hielt ihn zurück und sagte, das brächte nichts Gutes [Kormák verwundet seinen Gegner und gewinnt den Kampf].«
Kormáks saga Ögmundarssonar (Anf. 13. Jh.), Kap. 22.

»Gríma öffnete eine ihrer Truhen und nahm einige Garnknäuel heraus, sowie ein altes Kurzschwert, scharf und schneidend. Das drückte sie Kolbak in die Hand und sagte: „Nimm es, damit du nicht ohne Waffe bist". Kolbak nahm das Schwert. Gríma verbarg die Garnknäuel ihm zwischen Mantel und Rock. Dann strich sie mit den Händen über seinen ganzen Körper und seine ganze Gewandung. Darauf ging Kolbak seines Weges ... In diesem Augenblick sprang Kolbak aus dem Stalle mit gezücktem Schwerte, und er hieb sogleich auf Þórmód ein. Der Hieb traf Þórmód in den rechten Arm oberhalb des Ellenbogens, und es gab eine große Wunde. Þórmód warf seinen Schild fort, zog sein Schwert mit der Linken und schlug mit beiden Händen auf Kolbak. Schnell folgte ein Hieb auf den andern. Doch Kolbak war durch die Zaubersprüche Grímas so gefeit, daß ihn keine Waffe verwundete. Kolbak hieb nur ein einziges Mal auf Þórmód. Er sagte: „Alles könnt' ich jetzt mit dir machen, Þórmód, was ich will. Aber ich mag dir nichts weiter tun" ... [wieder zu Hause:] Þórmód erzählte von dem Zusammentreffen mit Kolbak und von der Wunde, die er von diesem

empfangen habe. Bersi sagte: „War's in der Tat so, daß Kolbak kein Eisen verwundete?" Þórmód erwiderte: „Stark hieb ich mit dem Schwert auf ihn ein. Es verwundete ihn aber nicht mehr, als hätt ich ihn mit einem Stück Fischbein geschlagen". Bersi sagte: „Das kam von Grímas Zauberei".«
Fostbrœðra saga (13. Jh.), Kap. 9.

»Odd sagte, es sei nicht leicht gegen diesen Höllenkerl und die Zauberkunst seiner Mutter – „die Leute sagen, er trage einen Kittel, den Waffen nicht beißen".«
Vatnsdœla saga (zwischen 1260 und 1280 entstanden), Kap. 19.

Kapitel 24

Wetterzauber

»Kotkel hieß ein Mann, der vor kurzem nach Island ausgewandert war. Gríma hieß seine Frau. Ihre Söhne waren Hallbjörn Schleifsteinauge und Stigandi. Diese Leute stammten von den Hebriden. Alle waren sie in geheimen Künsten bewandert und die größten Zauberer ... Darauf ließ Kotkel ein großes Zaubergerüst aufrichten. Sie stiegen alle zusammen hinauf. Da ließen sie erklingen grimmig gefügte Weisen: Das waren Zaubersprüche. Sofort brach ein starkes Unwetter los. Das verspürte Þórd, der Sohn der Ingunn und seine Gefährten, die auf der See fuhren, wie gegen sie das Wetter aufgeboten war ... Da erhob sich nahe dem Lande eine Brandung über einer blinden Klippe, von der kein Mensch sich erinnerte, sie früher bemerkt zu haben; die Brecher trafen das Schiff mit solcher Gewalt, daß gleich der Kiel nach oben schlug. Da ertrank Þórd.«
Laxdœla saga (um 1250), Kap. 35.

»Da sagte Gríma: „Dann werden wir so vielleicht einig. Du nimmst Kolbak auf das Schiff und erhältst das angebotene Geld. Du bringst ihn von Island fort und betreust ihn weiter – wenn es heute Fahrwind gibt". Ingolf erwiderte: „Ganz wie du es willst". Jetzt empfing Ingolf das Geld, stand auf und brachte Kolbak mit seinen Waren an Bord. Aber Gríma blieb den Tag über an Land, und sie entsann sich alter Zaubersprüche, die sie als Kind vernommen hatte. Indem legte sich der Gegenwind, der lange hier geherrscht hatte.«
Fostbrœðra saga (13. Jh.), Kap. 10.

»Þórbjörg Katla prahlte damit, daß die Inselleute ihr niemals etwas anhaben würden, so sehr vertraute sie auf ihre Zauberkunst. Als die auf der Insel davon hörten, sagte Geir, er wolle das erproben, und brach mit elf Mann auf ... Aber als Þórbjörg Katla herauskam, wurde sie es durch ihre Zauberei und ihre Sehergabe gewahr, daß ein Schiff von der Insel gekommen war. Da holte sie ihren Umhang und schwenkte ihn hoch über ihrem Kopf. Da kam eine große Finsternis über Geir und seine Leute. Nun sandte sie zu ihrem Sohne Ref, er solle Leute sammeln. Es wurden ihrer fünfzehn, die kamen in der Finsternis unversehens über Þórd Kater und packten ihn und schlugen ihn tot; er liegt unten am Katerkopf begraben. Geir und seinen Leuten gelang es, die See zu erreichen; da schwand die Finsternis, und sie konnten wieder alles sehen. Da wurden sie von Ref und seinen Leuten angegriffen, und es kam zum Kampf ... Die Inselleute hatten nun Angst bekommen; aber sobald Geirs Wunden verbunden waren, bestieg Hörð mit elf Begleitern ein Schiff und fuhr geradeswegs ins Brünnental hinein; er wollte es noch einmal mit Katla versuchen, sagte er. Zweie bewachten das Schiff, die andern zehn gingen das Vieh suchen. Katla schwenkte da wieder ihren Umhang ... Aber gegen Hörð war Katlas Blendzauber machtlos.«
Harðar saga Grímkelssonar ok Geirs (13. Jh.), Kap. 25.

»Da wohnte eine Frau mit Namen Isgerd. Bei der blieben sie zu Gaste. Sie war ein rühriges Weib und verstand sich auf Zauberei. Man sagt, sie war eine Freundin Vémunds. Sie machte ihm den Vorschlag, sie sollten zu den Schiffsschuppen gehen und sich dort auf die Lauer legen, ob ihnen am Morgen ein Fang in die Hände liefe; und sagte, dann würden die Hochzeitsgäste kommen. „Ich werde mich um eure Sache kümmern", sagte sie [die Braut Þóra soll vor ihrer Hochzeit entführt werden] ... Und als es so weit war, daß die Frauen ins Wohnhaus kommen sollten, schickte Hallstein

seinen Knecht nach ihnen, daß sie aus dem Frauenhause herüberkämen. Der Knecht faßte Þóra an der Hand und führte sie, und wie sie heraustraten, überfiel sie eine so große Finsternis, daß sie nicht die Hand vor Augen sehen konnten, und der Knecht bekam einen mächtigen Schlag zwischen die Schultern und um den Kopf, und ein Windstoß faßte das Mädchen, so daß sie in einer Fahrt bis hinunter zu dem Schiffsschuppen fegte. Da tönte eine laute Stimme in die Schuppentür und rief, sie sollten die Þóra ergreifen, wenn ihnen so viel daran liege, die Braut in ihre Gewalt zu bekommen.«
Reykdæla saga og Víga-Skútu (Mitte 13. Jh.), Kap. 14.

»In der Nacht konnte die Alte nicht einschlafen; da ging sie hinaus und war schwer erbost. Draußen war es kalt und windstill und klar. Sie ging mehrmals rückwärts um das Haus herum. Da begann das Wetter sich zu ändern, es kam ein wildes Schneegestöber und darauf Tauwind. Da brach am Berghang der Schnee, eine Lawine stürzte auf Bergs Hof und zwölf Leute kamen dort um.«
Gísla saga Súrssonar (Mitte 13. Jh.), Kap. 18.

»Helga hieß ein Weib, sie war mit Berg herausgekommen und war seine Kebse; sie war ein großes Weib und ansehnlich, vorausschauend und vorwissend, und zauberkundig in vielen Dingen ... „Wenn du so töricht bist, daß du dich nicht selbst vorsehen kannst, so will ich dafür sorgen, daß aus diesem Holmgang nichts wird" ... Es wird erzählt, daß an dem Morgen, an dem man zum Holmgange ziehen sollte, ein so gewaltiges Schneetreiben mit Frost heraufzog, daß kein Mensch aus dem Hause treten konnte.«
Vatnsdæla saga (zwischen 1260 und 1280 entstanden), Kap. 33.

»Auf der Fahrt überfiel sie schlimmes Wetter, und sie glaubten, es sei Zauberwetter. Bard hieß ein Mann und war Langsam zubenannt, der fuhr mit ihnen. Sie baten ihn das Wetter zu wenden,

denn er war zauberkundig. Er hieß sie die Hände ineinanderlegen und einen Ring schließen; dann ging er drei Mal der Sonne entgegen und sprach irisch; er hieß sie „ja" dazu sagen. Sie taten's. Dann schwenkte er einen Beutel nach dem Gebirge, und da ließ das Unwetter nach.«
Vatnsdœla saga (zwischen 1260 und 1280 entstanden), Kap. 47.

»Zu dieser Zeit fing Svan stark zu gähnen an und sagte: „Jetzt ziehen die Folgegeister Osvifrs heran!" Da sprang Þjóstólf auf und nahm seine Axt. Svan sagte: „Geh mit mir hinaus. Hier brauchts nicht viel Umstände". Damit gingen sie beide hinaus. Svan nahm ein Ziegenfell, wickelte sichs um den Kopf und sagte: „Verði þoka ok verði skrípi ok undr mikil öllum þeim sem eptir þer sœkja" [Es werde Nebel und werde Zauber und allen Wunder die hinter dir suchen]. Nun ist davon zu berichten, das Osvifr und die Seinen das letzte Joch hinaufritten. Da kam ihnen ein dichter Nebel entgegen. Osvifr sagte: „Daran wird Svan schuld sein, und es wäre gut, wenn nicht noch schlimmeres folgte!" Wenig später sank es ganz schwarz vor ihren Augen herab, so daß sie nichts mehr sahen; sie fielen vom Sattel und verloren die Pferde und gerieten selbst in die Sümpfe oder andere in den Wald, so daß es hart an Leibesschaden kam; die Waffen kamen ihnen abhanden. Da sagte Osvifr: „Fände ich meine Pferde und Waffen wieder, dann würde ich umkehren!" Und als er dies ausgesprochen hatte, sahen sie wieder ein wenig und fanden ihre Pferde und Waffen. Da trieben viele wieder an, es mit dem Weiterreiten zu versuchen: Man tat so und es kam sogleich derselbe Spuk; und so gings dreimal.«
Brennu-Njáls saga (um 1280), Kap. 12.

»Kjölvör hieß eine Frau die in Hraunsskard wohnte; sie war sehr zauberkundig und in jeder Beziehung schlecht und unfreundlich zu allen Menschen. Eine große Freundschaft bestand zwischen ihr

und Þórbjörg in Fofs. Die Mutter und die Söhne zusammen, Þórbjörg, Jökul und Einar, warben Kjölvör an und gaben ihr 100 Silberstücke, um die Brüder Víglund und Trausti mit irgendeiner Zauberei zugrunde zu richten, so, wie sie sich Rat wüßte ... Es ereignete sich, daß seine Begleiter im Herbst durch eine Zauberei der Kjölvör erkrankten. Es waren zu der Zeit alle Männer bei der Heuernte. Da wollte Björn zum Fischen rudern, und er bittet die beiden Brüder Víglund und Trausti, den Tag über mit ihm zu rudern. Sie taten dies, weil das Wetter gut war, und außerdem waren sie gute Freunde. Kjölvör wußte das alles, und sie stieg auf das Haus und schwenkte ihre Mütze gen Osten, und schnell trübte sich das Wetter ein.«
Víglundar saga og Ketilríðar (2. Hälfte des 14. Jh.), Kap. 12.

»Þórodd bestach im Winter die Zauberin Þorgríma, daß sie einen Schneesturm über Björn heraufbeschwören solle, wenn er über die Heide zöge [es folgt ein dreitägiger Schneesturm].«
Eyrbyggja saga (ca. 1350), Kap. 40.

Kapitel 25

Schadenszauber

»Die Schwestern Frakök und Helga, die Mutter des Jarls [Hárald] waren da und saßen in der kleinen Stube bei ihren Nähereien. Da kam Jarl Hárald in die Stube, die Schwestern aber saßen auf der Querbank, und ein frischgenähtes Leinenhemd lag zwischen ihnen, weiß wie Schnee. Der Jarl nahm das Kleidungsstück auf und sah, daß es reich mit Gold bestickt war. Er fragte: „Wem gehört diese Kostbarkeit?" Frakök antwortete: „Das ist für deinen Bruder Pál bestimmt". Der Jarl sagte: „Warum schmückt ihr das Hemd so aus? Gebt ihr euch doch nicht so große Mühe, mir Kleider zu machen". Der Jarl war eben aufgestanden und war in Hemd und Unterhosen und hatte sich einen Mantel über die Schultern geworfen. Er warf den Mantel ab und faltete das Leinenhemd auseinander. Seine Mutter griff danach und bat ihn, nicht neidisch zu sein, daß sein Bruder schöne Kleider hätte. Der Jarl riß es ihr weg und schickte sich an, es sich überzuziehen. Da rissen sie sich den Kopfputz ab und rauften sich das Haar und riefen, sein Leben hänge daran, wenn er das Hemd anzöge. Sie weinten beide sehr. Der Jarl fuhr nichtsdestoweniger hinein und ließ es an sich herunterfallen. Aber sowie das Kleid an seinem Leib herunterglitt, lief ihm ein Schauer über die Haut, und gleich darauf folgte ein großer Schmerz. Und davon legte sich der Jarl zu Bett und lag nur kurze Zeit, ehe er starb.«
Orkneyinga jarla saga (Mitte 13. Jh.), Kap. 7.

»Þórleik begab sich nun zu seinen Pächtern, Kotkel und Gríma und bat sie irgend etwas auszuführen, worin für Hrut eine Beschämung

liege. Sie zeigten sich sehr willig dazu und sagten, sie seien völlig gerüstet für so etwas. Darauf kehrte Þorleik heim. Aber kurze Zeit darauf brachen sie auf, Kotkel und Gríma und ihre Söhne; es war in der Nacht. Sie begaben sich zum Hofe Hruts und begannen dort einen starken Zauber. Und als die Zauberklänge sich erhoben, da konnten die Leute im Hause sich gar nicht denken, was das bedeuten sollte; aber schön war die Weise anzuhören. Hrut allein kannte diese Töne und verbot allen, während dieser Nacht hinauszuschauen – „und bleibe jeder wach, so weit er kann, dann wird uns kein Schaden ankommen, wenn wir uns so halten". Aber doch schliefen alle ein. Hrut hielt sich am längsten wach, dann schlief er auch ein. Kari hieß ein Sohn Hruts, er war damals zwölf Jahre alt und der trefflichste unter Hruts Söhnen. Der liebte ihn sehr. Kari schlief fast gar nicht; gegen ihn war der Zauber gerichtet, daher konnte er sich nicht beruhigen. Er sprang auf, um hinauszuschauen. Er ging auf die Zauberstelle zu und stürzte sofort tot nieder.«
Laxdœla saga (um 1250), Kap. 37.

»„Sprichst du von Þorbjörns Erschlagung? ... Dann tat mein aufreizender Zauber, was er sollte", sagte Geirrid.«
Eyrbyggja saga (ca. 1350), Kap. 18.

»Und da sie zum Aussegeln bereit waren, stieg Egil noch vorher die Insel aufwärts. Er nahm eine Haselstange in die Hand und ging auf eine Felsenspitze, die weit ins Land hinein schaute. Er nahm ein Pferdehaupt und steckte es oben auf die Stange. Dann tat er den Fehdespruch und sagte: „Hier stelle ich die Neidstange auf und wende diese Beschimpfung gegen König Erich und die Königin Gunnhild". Er richtete das Roßhaupt nach dem Innern des Landes zu. „Auch wende ich", fuhr er fort, „diese Beschimpfung gegen die Landwichte, die in diesem Lande wohnen, daß sie alle in der Irre

Abb. 22: Pferdeopfer im dänischen Heiligtum Lejre bei Roeskilde.

fahren sollen, und nirgends eine Ruhestätte finden noch fahen, ehe sie nicht König Erich und Gunnhild aus dem Lande vertrieben haben". Dann steckte er die Stange in eine Felsenspalte und ließ sie dort stecken. Er hatte aber das Roßhaupt gerade nach dem Lande hingewandt. Hierauf ritzte er noch Runen auf die Stange: Die sollten seinen ganzen Fehdespruch künden. Darauf ging Egil aufs Schiff.«
Egils saga Skallagrímssonar (um 1230), Kap. 57.

»[Jökull sagte:] „Berg schlich damals erbärmlicher als eine Betze davon, als ich ihn schlug, daß er hinstürzte; aber komm du nur zum Holmkampf, wenn du mehr Mannes- als Mährenmut hast. Wenn aber irgend einer nicht kommt, dann soll ihm eine Schandstange er-

richtet werden mit dem Spruch, daß er jeglichen Mannes Neiding sein soll und nirgends wohnen bei wackeren Männern, der Götter Grimm und des Eidbrechers Namen tragen soll". Daraufhin gingen sie auseinander, und jeder zog heim nach seinem Hause ... Die Brüder warteten bis zur neunten Stunde, und als es so spät geworden war, gingen Jökull und Faxabrand zum Schafstall Finnbogis, der dort bei dem Zaun stand, nahmen einen Pfahl und trugen ihn hinunter unter den Zaun. Da waren auch Pferde, die dorthin zum Schutze vor dem Sturme gelaufen waren. Jökull schnitt ein Manneshaupt in das Ende des Pfahles und ritzte Runen hinein mit dem ganzen Spruch, der vorher gesagt worden ist. Dann tötete Jökull eine Stute, und sie brachen sie an der Brust auf und steckten sie auf die Stange und ließen sie nach Borg hinschauen. Dann machten sie sich auf den Heimweg ... Das wurde durch alle Gaue hin bekannt, welch große Schande die Männer von Borg wiederum von den Brüdern befahren hatten.«
Vatnsdœla saga (zwischen 1260 und 1280 zusammengestellt), Kap. 33f.

»Jetzt wurde bekannt, daß die Männer von Tempel zu dem abgemachten Platz gekommen waren und daß Jökull dem Finnbogi eine schmähliche Hohnstange errichtet hatte an der Stelle, wo sie hätten miteinander kämpfen sollen. Das wurde herumgetragen, und alle fanden, daß Finnbogi da unehrenhaft gehandelt und daß sein Ansehen arg gelittenn habe. «
Finnboga saga ramma (14. Jh.), Kap. 34.

»Es wird weiter berichtet, daß auf dem Grenzrain Þórds sich etwas vorfand, das keineswegs auf Besserung ihrer Freundschaft deutete. Es waren zwei Männer, der eine hatte einen blauen Hut auf dem Haupte. Sie standen vornübergebeugt, der eine vorn, der andere hinten. Man sagte, das wäre ein böser Streich, und das Los keines der beiden, die da ständen, wäre gut, böser doch dessen, der zuvör-

derst stände. Þórd dünkte dies Vorgehen und diese Beleidigung übel, daß man in seinem Bezirke eine Hohnstange errichtet hatte. Er schob das Björn zu, und die neue Spottweise, die Björn überdies gedichtet hatte, schien ihm eine schlechte Genugtuung. So ritt er im Frühjahr darauf mit sechzig Mann zu Björn und lud ihn wegen der Errichtung der Hohnstange und wegen der Spottweise aufs Alþing ...
Sie zogen zum Þing und es kam in der Sache zu einer Buße. Björn mußte drei Mark Silber für die Hohnstange und die Spottweise zahlen.«
Bjarnar saga Hitdœlakappa (um 1220), Kap. 17.

»So ging er wieder nach dem Strande zu mit einer auserlesenen Schar von Zauberern. Zunächst ließ er das abgetrennte Haupt eines den Göttern geopferten Rosses auf eine Stange heften und durch untergelegte Spreizen den Rachen weit auseinander sperren ... Und schon kam Erik ihnen seines Wegs entgegen. Als er das Roßhaupt aus der Ferne sah, erkannte er sofort, daß das eine böse Zaubervorrichtung sei, hieß seine Genossen schweigen und vorsichtig auftreten, daß keiner ein unbedachtes Wort spreche, um nicht durch eine unüberlegte Äußerung der Zauberei eine Handhabe zu geben; wenn ein Wort nötig wäre, so würde er für alle sprechen. Und schon trennte sie nur noch ein Fluß zwischen ihnen, da pflanzten die Zauberer, um Erik vom Betreten der Brücke über den Fluß zurück zu scheuchen, die Stange, an die sie das Roßhaupt geheftet hatten, hart an ihrem Ufer des Flusses auf. Er aber betrat nichtsdestoweniger ohne Zagen die Brücke und rief: „Auf den Träger falle die Bestimmung seiner Last zurück, uns aber möge ein besserer Ausgang geschenkt werden! Böse ergehe es den Zauberern, den Träger der unheilvollen Last drücke sie nieder, uns mögen bessere Anzeichen Heil und Leben zusprechen". Genau so, wie er es gewünscht, erging es. Sofort nämlich fiel das Haupt ab, die Stange

stürzte um und erschlug den, der sie trug. So hauchte die ganze Zaubervorrichtung ihr Leben aus, auf den Befehl einer einzigen Beschwörung verlor sie alle Wirksamkeit.«
Saxo Grammaticus, Gesta Danorum (gegen 1200), Buch V, 179.

»Diesen Abend, als die Sonne untergegangen war, sah ein Schafhirt Gróa, wie sie aus dem Gehöfte trat und entgegen dem Sonnenlauf um ihr Gehöft schritt und sprach: „Schwer ist es, dem Glück der Ingimundssöhne zu widerstehen". Sie blickte hinauf nach dem Gebirge und schwang einen Beutel oder ein Tuch, in das sie viel Gold, ihr Eigentum, geknotet hatte, und sagte: „Komme, was kommen muß". Darauf ging sie hinein und schloß die Tür hinter sich. Da ging ein Steinschlag aufs Gehöft nieder, und alle Menschen fanden den Tod.«
Vatnsdœla saga (zwischen 1260 und 1280 entstanden), Kap. 36.

Kapitel 26

Verschiedene Zauber

»Ögmund nahm dies das Land an und maß den Grund für ein Haus aus. Damals herrschte nun der Glaube, daß, wenn bei wiederholten Versuchen der Meßstock einschwände, auch das Glück des Hauses schwinde, daß dieses aber blühen würde, wenn die Meßrute Erfolg spürte. Die Ausmessung verlief aber trotz dreimaligen Versuches diesmal schlecht. So baute sich Ögmund ein Haus auf der Düne zu Mel und wohnte seitdem dort.«
Kormáks saga Ögmundarssonar (Anf. 13. Jh.), Kap. 2.

»Die Seetaler zogen aus, um für ihn [Þorkel] Hilfe bei der Seherin Þórdis zu suchen, die am Spákonufell [Seherinnenberg, auf Skagastrand, der Ostküste des Welpenfjords] wohnte. Sie war hoch geachtet und zauberkundig, und die baten sie um Hilfe und Beistand in Þorkels Sache und sagten, sie legten sehr großen Wert darauf, daß sie irgendwelchen Rat dazu gebe. Sie sagte, es solle geschehen ... Þórórm suchte Þórdis auf und besprach sich mit ihr, denn sie war vorwissend und vorausschauend und wurde oft dazu ausersehen, in großen Prozessen den Schiedsspruch zu tun ... Darauf sagte sie zu Þorkel: „Schlüpfe in meinen schwarzen Mantel und nimm den Stab, der Hognuðr [Züchtiger] heißt, in deine Hand; wagst du es wohl, so unter Gudmunds Gefolge zu treten?" Er sprach, er wolle es auf ihren Rat wagen. Sie sagte: „Versuchen wir es also. Nun sollst du zu Gudmund gehen und ihn dreimal mit dem Stabe auf die linke Wange schlagen. Du scheinst mir nicht zu baldigem Tode bestimmt, und ich hoffe, es gelingt". Er trat unter Gud-

munds Gefolge, und kein Mensch erblickte ihn; er trat zu Gudmund, und es gelang ihm zu tun, was ihm geboten war. Nun verzögerte sich die Verfolgung der Klage, und der Prozeß kam ins Stokken ... Nun sandte Þórdis Þórkel zum zweiten Male zu Gudmund, daß der Stab auch seine rechte Wange berühre, und Þórkel führte das aus. Da bekam Gudmund das Gedächtnis wieder, und es deuchte wunderbar, daß es ihm entschwunden war ... „Weil ich kein Wort aus dem Munde bringen konnte, und deshalb zögerte ich so".«
Vatnsdœla saga (zwischen 1260 und 1280 entstanden), Kap. 44.

»„Ich habe keine Angst vorm Tode", sagte Sigurð, „und ich will euch ein Gedicht sagen, wenn ihr Lust habt". Sie antworteten, das sei ihnen recht. Da sprach er Verse, von denen sie alle einschliefen.«
Harðar saga Grímkelssonar ok Geirs (13. Jh.), Kap. 17.

»Ein Mann namens Lodmund der Alte und sein Ziehbruder Bjolf fuhren von Þulunes in Vors nach Island. Lodmund war riesenstark und zauberkundig. Er warf unterwegs seine Hochsitzsäulen [Säulen mit geschnitzten Götterbildern] über Bord und sagte, er wolle sich dort ansiedeln, wo sie ans Land treiben würden. Die Ziehbrüder machten in den Ostfjorden Land. Lodmund nahm den Lodmundarfjord und wohnte dort den Winter über. Da erfuhr er, daß seine Hochsitzsäulen an der Südküste gefunden seien. Darauf trug er alle seine Habe aufs Schiff. Aber als das Segel gehißt war, legte er sich nieder und befahl, es solle sich keiner erdrei-sten, ihn beim Namen zu nennen. Und als er eine kurze Zeit gelegen hatte, entstand ein großes Getöse. Da sahen die Leute, daß ein gewaltiger Bergsturz auf das Gehöft niederging, auf dem Lodmund gewohnt hatte. Darauf richtete er sich auf und sprach: „Dies ist mein Fluch, daß kein Schiff heil aus See kommen soll, das hierher segelt" ... Als Lod-

mund alt war, wohnte ein gewisser Þrasi in Skogar. Das war auch ein Zauberer. Einmal geschah es, daß Þrasi am Morgen einen gewaltigen Wassersturm sich nähern sah. Durch Zauber leitete er das Wasser nach Osten auf Sólheimar zu. Aber ein Knecht Lodmunds sah das und rief, die See stürze von Norden über das Land auf sie los. Lodmund war damals blind. Er befahl dem Knecht, ihm in einem Eimer etwas von dem zu bringen, was er die See nenne. Und als er zurückkam, sagte Lodmund: „Das scheint mir kein Seewasser zu sein". Darauf befahl er dem Knecht, ihn zu dem Wasser zu führen – „und stecke die Spitze meines Stockes ins Wasser". An dem Stab war ein Ring; Lodmund umfaßte den Stab mit beiden Händen und biß in den Ring. Da begannen die Wasser wieder nach Westen auf Skogar zu zu strömen. So lenkten beide immer wieder das Wasser von sich ab, bis es sich in einer Kluft traf. Da einigten sie sich darauf, daß der Strom den kürzesten Weg nach dem Meere zu nehmen sollte. Er heißt jetzt die Jökulsá und trennt die beiden Landesviertel.«
Landnámabók (zwischen 1275 und 1280 zusammengestellt), IV, Kap. 2.

»Da wurde Hallbjörn Schleifsteinauge gefangen und ihm ein Sack übern Kopf gezogen. Es wurden Leute bestimmt, die ihn zu bewachen hatten, und andere verfolgten Kotkel, Gríma und Stigandi ins Gebirge. Man holte sie ein auf dem Rücken zwischen dem Haukatal und dem Lachswassertal; da wurden sie mit Steinen erschlagen und über ihnen ein Steinhaufen aufgeworfen, man sieht noch Reste davon, die Stelle heißt Skrattavardi [„Hexenmeisterwarte"]. Stigandi floh vom Bergrücken südwärtes hinunter ins Haukatal und da entschwand er ihnen. Hrut und seine Söhne führten Hallbjörn mit sich zum Strande. Sie zogen ein Boot ins Wasser und ruderten mit ihm vom Lande. Dann nahmen sie ihm den Sack vom Kopfe und banden ihm einen Stein an den Hals. Hallbjörn warf einen Blick nach dem Lande, und der Ausdruck der Augen bedeutete nichts Gutes.

Hallbjörn sprach: „Es war kein günstiger Tag für uns, als unsre Familie dort bei Kambsnes mit Þorleik zusammentraf. So bestimme ich denn", sagte er, „daß Þorleik von nun an dort keinen frohen Tag mehr haben und alle eine leidvolle Wohnstätte finden sollen, die sich an seine Stelle setzen". Diese Verwünschung scheint ganz eingetroffen zu sein. Darauf ertränkten sie ihn und ruderten an Land.«
Laxdœla saga (um 1250), Kap. 37.

»Sie machten sich nun auf den Weg zu Stigandi und beredeten untereinander, daß es mit ihm nicht so geschehen solle wie mit seinem Bruder: Er solle nicht so viel ansehen dürfen, daß da ein Schaden geschähe. Sie nahmen nun einen Sack und zogen ihm den übern Kopf. Stigandi erwachte dabei und versuchte erst gar keinen Widerstand, denn es waren viele gegen einen. Es war ein Riß in dem Sack, und Stigandi gelang es, auf der einen Seite einen Blick auf den Bergabhang zu werfen. Da war schöner Boden und dichter Graswuchs. Es war nun gerade so, als käme ein Wirbelwind darüber und kehrte den Boden um, so daß dort niemals mehr Gras gewachsen ist. Der Platz heißt nun Brenna. Darauf schlugen sie Stigandi mit Steinen zu Tode, er wurde dort unter einem Steinhaufen geborgen.«
Laxdœla saga (um 1250), Kap. 38.

»Þorstein erwiederte: „Da kommt Ljot, das alte Weib, und hat sich sonderbar geputzt". Sie hatte sich die Kleider vorn über den Kopf geworfen und ging rückwärts und streckte den Kopf zwischen den Beinen nach hinten. Gräulich war der Blick ihrer Augen, wie sie ihn wie die Trolle zu schießen wußte. Þorstein rief Jökull zu: „Jetzt schlag Hrolleif tot! Du hast lange darauf gebrannt". Jökul antwortete: „Dazu bin ich gern bereit", und hieb ihm den Kopf ab und wünschte ihn zum Teufel. „Ja, ja", sagte Ljot, „nun war es nahe

daran, daß ich meinen Sohn Hrolleif hätte rächen können. Aber die Ingimundssöhne sind gewaltige Glücksmänner". Þórstein antwortete: „Warum meinst du das?" Sie sagte, sie habe das ganze Land umstürzen wollen: – „und ihr wäret alle toll geworden und verrückt draußen bei den wilden Tieren geblieben. Und so wäre es auch gekommen, wenn ihr mich nicht eher gesehen hättet, als ich euch". Þórstein sprach, es sei wohl wahr, daß zwischen ihnen das Glück entschieden habe. Darauf starb die alte Ljot in ihrem Zorn und Trolltum, und die beiden scheiden damit aus dieser Geschichte.«
Vatnsdœla saga (zwischen 1260 und 1280 entstanden), Kap. 26.

»Inzwischen war Ljot herausgekommen; sie schritt verkehrt einher, den Kopf zwischen den Beinen und die Kleider auf dem Rücken. Jökul hieb Hrolleif den Kopf ab und warf ihn Ljot ins Gesicht. Da rief sie, sie sei zu langsam gewesen: „Sonst würde sich jetzt der Erdboden umgedreht haben bei meinem Anblick, und ihr wärt alle toll geworden".«
Landnámabók (zwischen 1275 u. 1280 zusammengestellt), Lb. III, Kap. 2.

»Man konnte ihm kein Blendwerk vormachen, denn seine Augen sahen alles, wie es wirklich war.«
Harðar saga Grímkelssonar ok Geirs (13. Jh.), Kap. 11.

»Da sagte Katla: „Sollte gar die Hexe Geirrid gekommen sein! Dann ist es mit Augenblendung allein nicht mehr getan!" ... Da jene nun in die Stube traten, grüßte man sich gegenseitig nicht. Geirrid warf den Mantel fort, ging auf Katla zu und, nahm einen Sack aus Seehundsfell, den sie bei sich trug, und warf ihn der Katla über den Kopf. Dann banden ihre Gefährten den Sack unten fest zusammen ... Darauf steinigten sie dort unterhalb des Hügels die Katla zu Tode.«
Eyrbyggja saga (ca. 1350), Kap. 20.

Abbildungsnachweis

Titelbild, 2, 12, 16, 21, 22: Weltnetz, Wikimedia u. a.
3, 4, 6, 17, 18: Archiv des Verfassers.
1,14, 15: Klaus Bemmann, Der Glaube der Ahnen, Essen 1990.
10: M. Müller-Wille, Opferkulte d. Germ. u. Slawen, Stuttgart 1999.
22: G. Williams, P. Pentz, M. Wemhoff (Hrsgb.), Die Wikinger, Berlin 2014 (Katalog zur Ausstellung).
19: M. Magnusson, W. Forman, Die Wikinger, Luzern, Herrsching 1986.
3, 4, 6, 17, 18: Bilder des Verfassers.

Weitere Bücher des Verfassers

Baron Árpád v. Nahodyl Neményi, „Der Ursprung biblischer Mythen – Die Enträtselung christlicher Glaubensvorstellungen", Verlag Books on Demand 2015, 388 Seiten, 52 Abbildungen, ISBN 978-3-7347-7522-2, 16,80 €

Baron Árpád v. Nahodyl Neményi, „Was unsere Märchen bedeuten – Deutung der bekanntesten Märchen aus der Sammlung der Gebrüder Grimm", Verlag Books on Demand 2015, 470 Seiten, 96 Abbildungen, ISBN 978-3-7347-9796-5, 16,80 €

Baron Árpád v. Nahodyl Neményi, „Das geistige und materielle Weltbild", Verlag Books on Demand 2015, 128 Seiten, 22 Abbildungen, ISBN 978-3-7347-7323-5, 6,80 €

Baron Árpád v. Nahodyl, „Im Roulette gewinnen - Mit welcher Strategie man im Roulette und Lotto gewinnen kann", Kersken-Canbaz-Verlag 2013, 75 Seiten,21 farbige Abbildungen, ISBN 978-389423-135-4, 12,80 €

Baron Árpád v. Nahodyl, „Adeliges Bewußtsein", Verlag Books on Demand 2013, 236 Seiten, 20 Abbildungen, ISBN 978-3-7322-8898-4, 14,90 €.

Baron Árpád v. Nahodyl, „Zukunftsschau mit Runen", Sigrid Kersken-Canbaz Verlag 2015, 66 Seiten 9 Abbildungen, ISBN 978-389423-138-5, 9,95 €

Baron Árpád v. Nahodyl, „Zukunftsschau mit Spielkarten" Sigrid Kersken-Canbaz Verlag 2015, 70 Seiten, 17 Abbildungen, ISBN 978-389423-139-2, 9,95 €

Baron Árpád v. Nahodyl, „Zukunftsschau mit Tarotkarten" Sigrid Kersken-Canbaz Verlag 2015, 73 Seiten, 12 teils farbige Abbildungen, ISBN 978-389423-140-8, 9,95 €

Baron Árpád v. Nahodyl, „Zukunftsschau aus dem Namen" Sigrid Kersken-Canbaz Verlag 2015, 91 Seiten, viele Figuren im Text, ISBN 978-389423-141-5, 9,95 €

Géza v. Neményi, „Götter, Mythen, Jahresfeste - Heidnische Naturreligion", Reihe Altheidnische Schriften, Kersken-Canbaz-Verlag 2004, 284 Seiten, 40 Abbildungen, ISBN 3-89423-125-4, 23,90 €.

Géza v. Neményi, „Heilige Runen - Zauberzeichen des Nordens", Heyne 2003, 2. Auflage, Ullstein 2004, 460 Seiten, 99 Abbildungen, ISBN 3-453-86457-3, 11,95 €. (Russische Übersetzung bei Veligor).

Géza v. Neményi, „Die Wurzeln von Weihnacht und Ostern – Heidnische Feste und Bräuche", Kersken-Canbaz-Verlag, Holden-stedt 2006, 275 Seiten, 62 Abbildungen, ISBN 3-89423-132-7, 24,80 €.

Géza v. Neményi, „Lieder der Vorzeit – Götterlieder, Heldenlieder und alte Volkslieder", Reihe Altheidnische Schriften, Verlag Books on Demand, Noderstedt 2013, 392 Seiten, fest gebunden, ISBN 978-3-8482-6853-5, 39,80 €.

Géza v. Neményi, „Die Sprache der Vögel - Deutung von Angang, Flug und Stimme der Vögel", Kersken-Canbaz-Verlag 2015, 161 Seiten, 60 Abbildungen, ISBN 978-3-89423-137-8, 13,80 €.

Géza v. Neményi, „Kommentar zu den Götterliedern der Edda – Teil 1, Die Odinslieder", Kersken-Canbaz-Verlag, Holdenstedt 2008, 250 Seiten, 20 Abbildungen, davon 13 in Farbe, ISBN 978-3-89423-133-0, 29,80 €.

Géza v. Neményi, „Kommentar zu den Götterliedern der Edda – Teil 2, Die Thorslieder", Kersken-Canbaz-Verlag 2012, 151 Seiten, 26 teils farbige Abbildungen, ISBN 978-3-89423-133-0, 22,90 €.

Géza v. Neményi, „Kommentar zu den Götterliedern der Edda – Teil 3, Die Vanenlieder", Kersken-Canbaz-Verlag, Holdenstedt 2014, 221 Seiten, 11 Abbildungen, davon 7 in Farbe, ISBN 978-3-89423-136-1, 27,80 €.

http://baron-nahodyl.npage.de/